我怕

记忆太短

遗忘很长

韩蓓 著

文匯出版社

序
对这本书，既羡慕又佩服！

/ 文隽

认识韩蓓和认识大多数内地媒体记者一样，公事上加了微信，虽然不常联络，但偶尔看一些对方的朋友圈，久而久之，就仿佛也是老朋友。

韩蓓出版新书，内容都是她对影视圈一些人和事的随笔。在新媒体泛滥，网络短文章短视频流行的今天，纸媒和传统媒体人都深受压力，怕有天被淘汰，出版实体书，更加像是远古时代会做出的事，然而，韩小姐就是迎难而上，不得不佩服和羡慕她的选择！

在她的文字里，勾起我对那个远古又美好年代的种种回忆！尤其第一篇写的是"哥哥"张国荣，一边读，一边感动！韩蓓笔下的梅艳芳、刘德华、张曼玉、黄秋生，甚至周星驰，都是我熟悉不过的港产艺人；至于她描述的巩俐、姜文、王志文，还有于冬等，细节写来既亲切又生动而且准确,不愧内地最佳的文字工作者之一!

对我们这种怕追不上时代的"老人家"而言,这本书叫"我怕记忆太短,遗忘很长",真是击中要害!

2019年3月

喂,几乎遗忘了、走了的朋友。
你们会一直愿意
对我的记忆
再次微笑吗?

——Jimmie Durham

目录

PART
1

别了，
最后的贵族！

- 3 请以你的名字呼唤我：LESLIE
- 12 梅艳芳说：爱就是瞎了眼
- 16 愿你在天国找到爱的温暖
- 19 别了，最后的贵族！
- 22 全世界歌迷为他颤栗
- 26 被遗忘的女神
- 29 香港有一种"刘德华精神"
- 34 终于活成了自己的张曼玉
- 38 每个少女心中都住着一个费云帆
- 42 醉笑三千场不诉离殇
- 46 原来你是这样的巩俐
- 49 还记得王志文吗？
- 52 九零年代的金童玉女
- 55 文艺青年黄秋生
- 60 美少年的后来
- 63 刚刚好的"黎小军"和"沈世钧"
- 66 致青春不老的小虎队
- 70 记忆中那朵故乡的云
- 73 恰好你也喜欢许巍
- 76 梁朝伟和他的新娘
- 79 李安真好

- 82 不好好学习别去见姜文
- 85 一不小心被周星驰弄哭了
- 88 鼎鼎有名的张叔平
- 95 "无线四虎"忽而二十年
- 98 被亏欠的古天乐
- 101 不说拜拜就不算分手
- 104 爱人同志
- 108 不做大哥很多年
- 110 有一种婉转叫费玉清
- 113 我们叫他于大冬
- 117 "剪刀手"这个人
- 120 像苏菲·玛索那样活着
- 123 新桥恋人
- 126 错过了鲍勃·迪伦
- 128 只爱自己的女主角

PART
2

我心里是
有过
你
的

.133 爱情里没有如果
.136 我心里是有过你的
.139 一坛"醉生梦死"的酒
.144 我们的"志明和春娇"
.147 有一种才情叫嘚瑟
.150 凭什么是《桃姐》
.153 唉,这个易先生……
.156 你会等我吗?
.159 陈可辛式的爱情
.162 岁月如神偷
.165 明月几时有
.169 简单的男人才可贵
.172 永远不要嫌太晚
.175 盖茨比有多了不起
.179 最好的爱不过如此
.182 好看的丹麦电影
.185 死亡是最隆重的仪式
.188 让伍迪·艾伦告诉你
.191 再见,米高梅

PART 3

"甜蜜蜜"
那个年代

- 195 曾经有个"铁象奖"
- 198 他们随电影老去
- 201 关于母亲的一切
- 205 "甜蜜蜜"那个年代
- 208 长生不老的摇滚时光
- 211 以父之名
- 214 多想见你一面
- 217 没人能誓言相许永不分离
- 220 有些记忆写给未来
- 223 出去一下
- 226 以吻封笺
- 229 天使,望故乡
- 232 我愿如你目光如炬

PART
4

梦想不死的
孩子

237 今夜，我只想你
240 天赐良人
243 随你走遍万水千山
246 一面之缘陈忠实
249 写作好像嚼一块口香糖
253 有一种女人永远是女孩
256 成为作家林青霞
260 张爱玲不是我的菜
263 她是诗歌世界的莫扎特
268 与略萨相遇的夏天
271 呃，村上春树么……
274 梦想不死的孩子
277 如果鞋也有感情
280 何止十一种孤独
283 世间最美好的同行
286 "爱"和"LOVE"不同
289 难忘《喜宝》
292 少年 Pi

298 后记

别了,
最后的贵族!

PART
1

请以你的名字呼唤我：LESLIE

他们说,时光不老,我们不散!

时光之下,所有人必须老去,只有极少数得到永生。

其中有一个,是我们挚爱的"哥哥"Leslie。

我后来遇见的许多同行很年轻,一出道就做娱乐记者,不像我做遍了各条线口才转行文娱。听到我做过张国荣的采访,他们都一脸艳羡。那些时候,我一点也不自喜,只有徒劳的怅然,是很难说清楚的空荡荡的寂寞。

2003年到现在,转眼十几年过去。不知道这些年怎么就浑浑噩噩被我们消磨浪费了。记得那一年的春天,除了"哥哥"那"纵身一跃"惊世骇俗之外,还有莫名其妙的"非典"在全国蔓延,搞得人心惶惶如世界末日。我就是带着那样的末世情绪,义无反顾地飞去云南,追随当时自以为可以天长地久的一段爱情去了……

随身携带的行李中，包括"哥哥"的一张亲笔签名唱片《我》，和影碟《春光乍泄》。那是他去世之后近两个月，已经到了初夏，就算高原的蓝天，也难以抚慰我内心的黯然。也可能正是如此，才让人更需要一份稳定的爱情来支撑现实生活，虽然那不过是我因极度缺乏安全感而产生的错觉，而且错觉很快以其千疮百孔的姿态展示给我看了，只是当时我依旧无视真相，一意孤行。

已经过了无知的年纪，心却偏偏停留在青春的某个阶段，不肯成长。这样的人，活在分秒必争的现实人群中显得异类且失败。我就是那么一个不合时宜的人。

那段时间，带着他人无法理解的哀伤，不知不觉中我像患了强迫症一般，习惯性地数路过的每一幢高楼，停在24层——"哥哥"是从这个高度跳下去的！甚至，在午夜梦回的时刻幻想，自己可以站在24层落地的尽头将他挡住，令他起死回生。

2005年3月29日，和都市快报的闺蜜宋笑梅采访香港电影金像奖，那一晚，我们从太平山顶回来，去了中环的文华酒店，上到24层传说中"哥哥"离开那天曾逗留过的健身房，站在门口，沉默良久，拍了一张照片。闪光灯亮的瞬间，我曾盼望"哥哥"或许可以像李碧华的电影那样，闪身入镜，定格，存留于我的相机。

第二天，我们找了一个出租车司机，带我们去"哥哥"生前的家。那条被无数人瞻仰过的私家小路，以及幽静无华的房子,两年之后,在"哥哥"忌日的前夕,像未曾经历过任何悲伤的样子,悄无声息伫立在温热的春风里。

我们没有等到"哥哥"的两周年忌日,一来因为港澳通行证到期了,二来是不想再像两年前那样痛一次。

我对香港的记忆,在那一次,不是滨海大道、维多利亚港、中环购物、太平山顶的缆车、兰桂坊的夜夜笙歌,而是铜锣湾中心那辆开往石塘咀的老旧电车,在深夜繁华热闹拥挤依旧的街上,叮叮当当驶向远处——那里,还有梅艳芳和"哥哥"耿耿于怀的"胭脂扣"吗?

多年以后的今天,我的心终于释然。对于生命中的无常,渐渐学会认命接受。想想《胭脂扣》里苟活的十二少,到老面目全非地蜷缩在片场楼道的黑暗角落,看见昔日深爱的如花的鬼魂,无言以对。人如果活得如此不堪,真的不如放手。

回忆有时是一件艰难的事,关于"哥哥"的回忆,至今都是凌乱的!现在想来,2000年真是我生命中一段美好时光。从9月至10月,我有缘和"哥哥"四次相见。

一直记得赶往上海锦江饭店第一次采访他的那个初秋午后。极少在大型新闻发布会上提问的我争得了机会,一口气对"哥哥"提了好几个问题,并且还不忘表达对他的欣赏之情。具体问了什么,早已依稀模糊,但他回答问题时的表情却如烙印刻在脑海,即便是多年以后,都无法忘怀。他专注地盯着我的眼睛,嗓音沙哑却又出奇地温柔,眼神安静而体贴。很久以后,我对朋友回忆彼时情景,总是自嘲地描述被打动的那个瞬间,心情是如何忐忑又幸福。

你看了我一眼,让我看见了天使的翅膀!

之后,"哥哥"在杭州开演唱会的前一天,他来参加媒体见面会。会场在一个酒店,因为人太多尤其显得空间狭小,这次采访只有半小时,比上海短了一半的时间。我没有发问,人头攒动中,看见他细瘦的身体几乎被人群淹没。我离他很近,很近地看他,看他略显疲惫的眼睛和自信依旧的神情,心温暖得几乎要被融化。

然后,有了9·23(杭州)和10·18(宁波)两场演唱会。那是我第一次见识如此华丽奢侈、美轮美奂的表演,舞台中央的"哥哥",是我们每个人心中的王子,会从每个毛孔中散发光辉。两次曲终,他哭了两次,事实上,每次演唱会最后时分他都会哭,之后我从收集的"哥哥"演唱会光碟中证实了这一点。只有真性情的人,才那么容易感动自己,也感动他人。

我也哭,是热泪盈眶那种,为了含住眼泪,将头从左边倒向右边,又从右边倒向左边,等待泪水在眼眶里慢慢干掉,但那次没能做到,眼泪掉出来了。

为"哥哥"而哭的时候,我知道除了感动,还有深深的眷恋——不料这眷恋竟成永远的遗憾!

也是在"哥哥"来杭州开演唱会的前夕,我做了一个梦,梦到他站在一条江中,摆了演唱会海报上的姿势,那个著名的像天鹅一样的侧面造型。我看见"哥哥"以这个造型下沉,再下沉,江水渐渐淹没,从胸到颈到精致的鼻梁到饱满的额头,然后,灭顶!江面上只剩下他瘦而漂亮的一只手……

附——《青年时报》2003年4月2日(评论)

风情万种的男人走了

我宁愿相信这是一条愚人节新闻,宁愿。

但是,这是事实,张国荣离开了我们。

我终于明白人有些时候是不愿意接受现实,相信真相的。

昨天是4月1日,西方的愚人节。所以最初听到关于"张国荣跳楼自杀"的消息我只是轻斥,谁开了这么恶毒的玩笑!当我接到第三个电话时,我听见自己的心咚地坠落于地,碎片溅出声响。

随手抓起外套,从城西某幢高楼飞奔而出,穿过湿漉漉的街道,我可以感觉自己的身体在发抖,抖到坐在电脑前按不准键盘上的字。

做娱记这么多年来,如果让我说出最钟情的一个艺人,就是这个英文名叫做Leslie的男人。两天前才从一本电影笔记上看过一篇关于描写张国荣的文章,标题用的是《倾国倾城的男人》,当时在目录中我没看内容就感觉应该是写张国荣的。因为他的感情不同于常人,张国荣在很多人眼里成了一个异类,而自我们最初从公映的影片《霸王别姬》中见识了那张"回眸一笑百媚生"的脸之后,每次注视这个男人都有种百感交集的无言。

直到有一天我去了上海,真切无比地和他面对面站着,相隔不到一步的距离。我盯着那张蓄了胡须、硬朗,却奇妙地散发着美艳的男人的脸,问了什么问题现在再也想不起来,但他落在我脸上的目光却永远地留下了——那是一种很无辜的眼神,带着孩子般的认真和任性。终于相信,为什么那么多女人会为他迷失,即便他永不可能爱她们。

还清晰地记得第二次看他的演唱会,在宁波下着大雨的寒冷夜晚,张国荣赤足坐在一把高脚吧椅上,大脚趾套着晶亮而美丽的趾环,他说:"你们冷吗?我好冷,光着脚。"后来他唱了一首歌《我》,唱的就是他自己,也唱得我泪流满面。

我不知道那是我最后一次看他。

现在再追究他的死因都没有意义了,我只知道这个一贯孤独地坚持着自己的男人和我们所有人开了一个天大的玩笑,用自己最宝贵的生命。他是不是真的像他唱的《拒绝再玩》的歌,那么决绝地告诉他的爱人、朋友、亲人,所有那么爱他的我们——

疲惫奔波以后我决定做一个叛徒/不管功成名就没有什么能将我拦阻/我四处漫步我肆无忌顾/狂傲的姿态中再也感受不到束缚……

附——《青年时报》2012年4月1日(博客专栏)

你说你叫张国荣

时间过得真快啊!转眼又到了4月1日。这是你离世第九个年头了,九年来每个愚人节,相信都有太多人跟我一样，在这一天不可抑制地想起你。

这个春天，真是姗姗来迟。甚至这过去的小半年，对于多数城市都比较难熬，漫长的冬天，漫长的雨季，果真是带着2012的衰败气息。

常常，很多人会跟我一样假设，如果你还活着，你会在哪里呢？阿根廷布宜诺斯艾利斯的街头，曾是人们美好愿景中你的重生之地，人群中你偶尔惊鸿一瞥，俊美脸庞下带着一丝隐约的笑，是那种放下一切的释怀……可惜，生活中你从来活得过于认真、执念，以至于患病。

你离世之后，依旧不断有关于对你的怀念，最近看到一则，就是"我叫张国荣"。是微博上传来的——都知道你极为尊师重道，说是在拍《霸王别姬》时，你在下榻的饭店门口恭候京剧老师刁丽，扶她下车第一句话就是："刁老师，我叫张国荣。"而不是像别的明星习惯性脱口说一句"我是张国荣"。由此见识到你的谦逊与低调。

连我等平庸之辈都没有意识到这个说法的讲究，事实上，在做自我介绍的时候，多半我们都说"我是×××"，好像别人该了然这个名字一样，忽略了这样的语气中，是带了优越感和自我的。我后来开始留意，在每一次发布会活动中，想寻找一个出场的明星能有心说一句"我叫×××"，当然未果。他们不是你，刻意也是毫无必要的。

在几乎所有的年轻人都迷上微博以后，你的"荣迷"们也幻想，要是你今天还在世，会不会也开了微博，与自己的粉丝时时互动呢？依你的性格，或许会吧。因为不管精神和身体状况遭遇怎样的辛苦，在人前，你总是以微笑和优雅完美地示人，你希望带给人们的是很多很多的正能量。不消说，如果你也开了微博，必定是哪怕发一句话，都会引来众多拥趸转发和评论。

不过，估计你不会喜欢微博上艺人们莫名其妙的炒作、自爆隐私，甚至掐架对骂，那些招式都是你不屑的吧？如果你不幸"躺枪"，你会像舒淇那样很受伤吗？受伤的时候也会躲起来沉默吧？那样的话，你还是不要开微博了。

这九年来，像你这样歌艺精湛、演唱奢华的艺人，我再未有幸见识到，即便不久前我又看了张学友卖力的个唱，但我最美的记忆，依旧终留在你风华绝代的那两场演唱会。《风继续吹》的风中，你热泪盈眶，我的泪水飘散于寒凉的大雨中，好像从未干涸。

这九年来，电影圈像流水作业一样批量生产着各种类型片，除了大制作、小清新，还有一堆不知所云或者脏乱差的烂片。佳作自然有，但我终究未看到《阿飞正传》那样的文艺电影，里面的你、张曼玉、刘德华、刘嘉玲，都如绝唱般，成为经典影像。

记得艾米莉·狄金森说过：造物主创造了所有的灵魂，而我只选择其中之一。

你选择了真实、简单、美好、向善的灵魂，所以被我们一辈子铭记于心。

梅艳芳说：爱就是瞎了眼

多年前，带了一张不知从哪里弄来的小册子，按照上面介绍的香港电影拍摄地，将角角落落走了个遍。印象最深的是，去中环都爹利街看著名的煤气灯时，已是深夜，陡长的石阶上坐满菲佣，吧嗒吧嗒说起话来好像遭遇一场大雨，又像被鸟群袭击，竟生出一些惧怕。

也是那一次，去了大屿山的宝莲寺，在肃穆和清冷的舍利堂中，看到了梅艳芳的灵位。照片摆得很高，与别的灵位有些不同的是，下面簇拥了歌迷的一些祝福卡片和小小花束。

那是阿梅去世后翌年的初夏，刚好下过一场雨，难得大屿山上的空气有种清冽的凉意。

那个时候，我们很多听着粤语歌长大的歌迷，都还不能从上一年接连失去张国荣和梅艳芳两大巨星的哀恸中缓过劲来。2003年是娱乐圈最悲情的一年,现在想来一点儿没错!连岁末最后的几天都传出不幸消息——

12月29日夜里11点,我收到同行的短信,说梅艳芳病危,当时犹豫地想,但愿又是网上传言、媒体炒作。那一晚很少上网的我在网上逗留到凌晨3点,之后辗转难眠,总有隐隐的不祥从心底小心泛起,让人不敢触碰,唯有默默为这个重病缠身的传奇女人祈祷。清晨8点,手机铃声骤响,那种不祥再次涌出——她真的去了。

和当初听闻张国荣自杀的死讯不同的是,这一次心里早有了准备,只是没有想到悲伤结局来得那么快、那么早。阿梅去世的上午,我去萧山机场送来杭州看我的男朋友,在回城的机场巴士上才回过神。听广播里播放她和"哥哥"生前的《芳华绝代》,眼泪一下子就涌了出来。

这一次的哀伤还是和"哥哥"离世时的巨痛有所不同。对于阿梅,我仅有两面之缘。那是在2002年的无锡,金鸡白花电影节期间。作为记者,可以任一个如此大牌的明星在自己眼皮底下谈笑自如却能抑制住采访接近她的欲望,算不算是失职呢?如果算,那么看见阿梅的那两晚,她身边所有的记者都挺失职。

第一次她出现在冯小刚、葛优等一帮明星张罗的一场比较私密的聚会上,她进来的时候并没有张扬耀眼的排场,自自然然,在难得氛围清朗的酒廊里波澜不惊。她落座在长长餐桌的一端,笑得很明媚,冯小刚和葛优坐在她身边，似乎一起聊得很尽兴。尽管如此低调，但这个女人还是吸引了全场宾客的目光——而我的眼光停在她修长的指尖——心想，有这样一双手的女人必定是敏感的。我看见阿梅的右手搁在桌上，旁边是半杯纯色红酒。每一次这只手端起酒杯，几秒钟之后搁回原位的都是透明的空杯。她显然属于那种女人，连酒都喝得干脆而坚决。可有没有人能读懂她内心的隐秘呢？那一刻我对她生出强烈的好感，与明星啊外表啊什么的全然无关。

第二次看见阿梅不过相隔一天。电影节闭幕式热闹拥挤的庆功晚宴上，大厅里人来人往，觥筹交错，她光彩照人被簇拥着出场，依旧是一脸的笑，只是这一次反倒给人的感觉有些疏离。在大圆桌前落座后，几乎是立刻，她身后就站满了人。让人讶异的是，那些人不是记者、不是追星的年轻人，而是体态发福的中年男人。他们彼此微笑着，带着显而易见的紧张和腼腆，也不多话，更不想打搅背对他们用餐自如的阿梅，只是装成不经意站在她身后的样子，却拼命招呼着不远处的同伴"快拍快拍"。眼前这个女人，曾让年少的他们怎样着迷过啊！

在阿梅最后的演唱会视频中，看见她终于披上好友刘培基为她设计的婚纱，在舞台正中央对着万千观众敞开心扉说：人生中很多事情，你原以为一定会有的，结果却没有……比如自己原以为28、30岁时会结婚，可是却没有，到了40岁，"我有什么？"台下哗然，歌迷齐声回应了她:"我们。"对于艺人来说,歌迷固然重要,可对于女人来说,哪里比得上一个真心相爱的男人啊!

她曾与"哥哥"约定40岁未嫁时便嫁了他吧!结果她40岁生日时,他已仙逝半年。于是他们演过的《胭脂扣》,变成了吊诡的谶语。而她与华仔的情分,也终因对方早有佳人相伴,只能深深埋藏,她说:不说出来,这样一份感情才可以天长地久。还有多数人不知的是,她最希望重来的其实是20岁时与一个日本歌手的邂逅之恋,短暂、单纯、年轻、忘我,以至于差不多20年后,她仍拖着病体去日本为他庆生。不为挽留或重燃旧情,是太懂得什么是"珍惜"吧!

她曾笑着把"爱情"说得那么精准——爱就是瞎了眼!瞎了眼就看不到!

愿你在天国找到爱的温暖

不愿意写这样的主题——关于一个人的逝去，生出无限伤感……

从第一次悼念骤然离世的"哥哥"张国荣开始，接着是梅艳芳、傅彪……以及英年早逝的希斯·莱吉，相隔不到一个月，是香港著名艺人"肥姐"沈殿霞的离去。

她去世不到两个小时，我接到同事的短信："沈殿霞死了，震惊！"那一刻我正在阳台发呆，阳光和暖，似乎冷空气终于过境，春天要来了的样子。然后我回复："天妒！"

2008年2月19日，雨水，农历正月十三。香港的温度摄氏十几度，一个温暖多云的天气！不知道前一天夜里，夜色浓郁的维多利亚港上空，有没有一颗流星划过？

肥姐走了，其实走得并不是太出乎人们意料。因为她病了一年多了,而且是癌症,病兆有了转移的迹象。但是,就像一件不好的事情,明明知道迟早会发生,临到眼前的时候,心里仍有万般惊痛!

三十岁以后,我经常说一句话:人生苦短,及时行乐!并不是消极懈怠的意思,是觉得想做的事情,一定要记得去做,越快越好,不要在来不及的时候,空留遗憾。不知道得知生命无多的肥姐,有没有更深切的感受?那样一个外表特别、内心坚忍的女人,心里装着唯一的宝贝女儿,当然外界还自说自话判定了一个曾经背弃她的男人,说那是她一生难了的情意!那么,在去往天国的前夕,她会不会有不甘和难舍?

在香港见过欢天喜地主持节目的肥姐,我知道那不是真实的她。有次看她接受采访,那时还没生病,她已经很明白人生的遗憾,称舞台上的自己只能以欢颜示人,即便在后台为平凡生活哭天抹泪,人前也不可以流露半点伤心,是为职业操守!后来她大病,稍微稳定的时候出来接受采访,神情里有了枉然的辽阔。她说:"几十年的艺人生涯,太累了,该休息了!"不肯认输的女人,终于接受了命运的安排。

然后主持人偏偏不忘重提旧情,好像还回忆了之前她和前夫郑少秋一起接受访问的片段——她问,带着无所谓的笑:你有没有喜欢过我?这个依旧风流的男人也笑:当然有!她作出安然的表情。其实,那一刻她该有多么伤心!所以,在她离世前最后一次公开访谈中回应感情时,神情是那么淡漠,淡漠到——一片死寂!那张脸于我们是陌生的、真切的,也是令人心碎的……

"妈妈要看着你出嫁,要看着你出第一张唱片,妈妈一定不会有事的,我会很坚强!"再一次回放她对最疼爱的女儿说的这些话,眼泪忍不住就落下来。那是怎样的一种深情!

有句话这么说——谁有一颗玲珑剔透的心,谁就懂得心碎的感觉!这一刻,谁的心为她而碎!

别了,最后的贵族!

湘西那个叫做"芙蓉"的小镇,清晨的薄雾中,青石板的小路,一双衣着简朴的男女,手握粗陋宽大的扫帚交替着翩翩起舞,背景荡漾着舒缓的华尔兹音乐,柔情和浪漫如水流泻……

多年以前,画面中的男人是年仅 23 岁的姜文,女人刘晓庆已贵为最炙手可热的明星。那部电影叫《芙蓉镇》,片中的那个画面,曾让所有中国观众看得心酸落泪,也曾令法国影迷开怀畅笑。流泪或微笑,全因一个理由——在那样一段苦难的岁月中,被改造的秦书田和胡玉音,却可以活得如此纯粹浪漫。还记得 T. S. 艾略特的那句诗吗?"人民历尽沧桑,脸上堆满笑容,但,痛苦永存!"

如果,你曾经也被这个镜头所打动,那么你一定也记住了成就这一经典的作者——中国最著名的导演之一,谢晋，堪称中国电影的一代大师。如果，你对这位从影60年、一生历尽沧桑的老艺术家有所了解，你就会明白，为什么他可以拍出如此深刻而意味深长的东西。

现在，他在某个凌晨突然离开，85年的生命就这样倏然消失于熟悉的故乡。他枕边的温热未退，他浓重的乡音刚落，也许，饮酒微醺的那一夜，老人的梦还滞留在童年跑过家门口的某一条石子小路，因为他还打算醒来，去参加中学母校100周年的校庆……很多时候，生命可以这样毫无征兆地戛然而止。

作为中国电影第三代导演，谢晋被第一代导演启蒙，由第二代导演牵引着走上电影之路，并因其天赋秉性，几乎一出手就奠定了主导地位。他风靡于20世纪五六十年代的代表作《女篮五号》《红色娘子军》《舞台姐妹》等经典影片，不知道感染了那个年代多少观众的心。他是如此酷爱电影，以致"文革"期间即便受到冲击，还能拍出应景的《春苗》《海港》那样的片子，也许，那个时候的他，和"芙蓉镇"上的秦书田一样，已经懂得在悲苦的现实中寻找简单的欢喜。所以，才有了后面的反思三部曲——《天云山传奇》《牧马人》和《芙蓉镇》，其中1987年上映的《芙蓉镇》，被称作其巅峰之作，那部影片中，被他选中的8个演员，有5个成为日后获奖的优秀电影人。原本的璞玉，在他的打磨历练下，焕发出宝石的光芒。

有资料记载，说谢晋是东晋名相谢安第53代世孙。

"旧时王谢堂前燕,飞入寻常百姓家。"再度回味唐代诗人刘禹锡的《乌衣巷》,翻看谢晋走过的人生,不知道多少人是要唏嘘的——他两个智障的儿子(一个早逝)、先他离世的长子、视力不好的女儿、体弱却坚韧的老伴,以及他历经动荡年代遭遇的种种艰辛与苦难——可是,如同"最后的贵族",谢晋始终坚守在电影的前沿。所以,他同样做导演的长子谢衍会说,父亲拍戏一贯有自己的底线和原则,他是不属于这个武侠商业片盛行的年代的,即便在他最后的岁月中,筹划的剧本依旧没法迎合现世的规则,他只能关注大众人生,以及最卑微的生存状态。就像四个月前,他执导的那部三分钟公益短片《中国,站立成树》,如今已成遗作,是为灾区祈福的。

我做电影记者很多年来,在很多个电影节中曾与谢老相遇,印象中的他永远耿直坦率,甚至显出老人特有的固执,比如,他曾因我要搀扶他下楼而生气地甩掉我的手,表示即便八十高龄,自己依旧不需要照顾。他不是我的亲人,他的离去,于我们多数人而言,仅仅是所尊敬的一位长者不幸过世,心中会有感伤,却不至于悲恸。可是,他的那些传世之作,曾带给我们的父辈多少感慨,带给不谙世事年少过的我们多少新奇!

总是在告别某个生命的时候无言。还是台湾导演侯孝贤说得好——在整个变动的大时代里,生离死别变得那么天经地义不可选择,像河水汩汩而流。

全世界歌迷为他颤栗

But you are not alone(你不会孤单)
For I am here with you(我永伴你身旁)
Though we're far apart(不管天涯海角)
You're always in my heart(你在我心间)

迈克尔·杰克逊走了!

不知道他离开的那个午后,洛杉矶的天空可曾掠过一丝阴霾?如果那时下过雨,一定该有彩虹高悬。

在大洋彼岸的中国,惊闻这一噩耗的时候,盛夏的艳阳正浓烈。在出发赶往机场的路上,刹那间的感觉,是四肢麻木。然后,于三万英尺的高空,他的歌声在耳畔逐渐荡漾开来,婉转悠扬高亢清亮,才恍然——一颗世界流行乐坛的巨星陨落了!但我宁愿相信,奔往天国的这个传奇男人,将得到永生!

在无数明星和歌迷的心中,杰克逊如同他们心中的缪斯!拥有无与伦比的天赋才华,光怪陆离的个人生活,以及桀骜不驯、变幻莫测的独特个性。

我们爱他,因为他天籁般完美的嗓音无人企及;他独创的太空舞步出神入化到仙境一般;他的歌曲专辑《Thriller》以1.04亿张的销量缔造了有史以来单张唱片销量最多的世界纪录;他一生销售超过7.5亿张唱片的纪录也是一个奇迹;他创造了单场演唱会人数高达12万人的神话;他还是一个慈善家,在全世界设立了39个儿童医疗中心,因而两次获得诺贝尔和平奖提名。

他在我们眼中又是另类甚至怪异的——短暂而不圆满的姻缘,传说中的同性恋取向,沸沸扬扬的变童案,以及关于肤色漂白或者白癜风的流言……从20世纪80年代末我们最初目瞪口呆惊艳接受的《BAD》时代的杰克逊,到经过岁月流转后走下神坛被流言蜚语追逐的杰克逊,哪一个更真实呢?

别人说,这个古怪的男人出门总是带着伞,因为不管是否下雨,他就喜欢被遮在阴影下;他们还说,这个嗓音绝美的男人,最棒的一首歌或许应该是《Man In The Mirror》。暗影里的他也好,镜中的他也好,其实于我们而言,都不及他二十多年前浓眉红唇、棕色面孔、雪白牙齿、黑色卷发遮颊的形象来得记忆深刻。因为,那个时候和他一起成长的青年或者少年,现在都渐渐老去,因为老去,才得以在回首间触到心里的这一抹苍凉,是那么幽深,那么无可救药,那么黯然神伤如中毒般轰然倒下!

年少时光的偶像,那个怎么都无法效仿的双脚踮地如漫步太空的舞姿,那身怎么都穿不像的黑色闪亮夹克铅笔裤白袜子黑皮鞋,终究被封存于记忆里,成为永久的甜蜜、忧伤和疼痛,此生难愈。什么都不再重要!重要的是,他毫无疑问是整整一个时代流行音乐最经典的象征。

Did you have to go(你真得走吗)? And leave my world so cold(我的世界一片凄凉)。就在几天前,与杰克逊合作过传奇专辑《Thriller》的著名音乐制作人昆西·琼斯,还在上海电影节的好几场记者会上对我们说,很期待杰克逊在伦敦的演出。而现在,这位音乐大师再也无法迈着电影节红毯上模仿杰克逊的步子微笑了,因为,"我灵魂的一部分随着他走了!"而走了的那个人,被伙伴评为优雅、专业,以及拥有献身精神。

这个从少年的辉煌一路走来,自青春的巅峰渐渐滑落,最终在惨淡得有些狼狈的中年突然辞世的天才歌者,曾那么愤世地说过:"我已经厌倦了被人操纵的感觉。这种压迫是真实存在的!他们是撒谎者,历史书也是谎言满布。你必须知道,所有的流行音乐,从爵士到摇滚到hip-hop,然后到舞曲,都是黑人创造的!自从我打破唱片纪录开始——我打破了猫王的纪录,我打破了披头士的纪录——然后呢？他们叫我畸形人、同性恋者、性骚扰小孩的怪胎！他们说我漂白了自己的皮肤，做一切可做的来诋毁我，这些都是阴谋！当我站在镜前时看着自己，我知道，我是个黑人！"

所以，他是勇敢的。

所以，他离开的时候，日月星辰都将黯然失色。

所以，如果你此刻正泪流满面，那一点不奇怪，因为我也是，我们可能都是。

迈克尔·杰克逊，就算你无意识毁灭了自己的生命，但愿你愤怒的灵魂在上帝的花园里得到安息。

被遗忘的女神

2012来临的最初，立春之后，严冬的感觉依旧弥漫得无边无际。寒冷总是令人感觉忧伤，没有温暖的日子，不祥的消息如同迅疾飞翔的黑鸟，扑面而来。在2月的某个午后，一个噩耗降临。

惠特尼·休斯顿，又一个死因真相不明的巨星陨落！来自外媒的消息说，2月11日下午，一代灵魂歌后于美国洛杉矶贝弗利山的希尔顿酒店去世。48岁的本命年尚未度过，这个霸气外露的狮子座女人，就如此仓促地走到了生命尽头。她离开的那个下午，没有人知道发生了什么，更无人可以猜测生命垂危的那一瞬间，她心里是充满恐惧还是一片空白。这不禁让人联想到独自一人在泰国清迈猝然辞世的邓丽君，还有另一位流行歌坛天王迈克尔·杰克逊……

除了扼腕感叹一声"英年早逝",我们这些从孩子时期就被惠特尼的天籁之音所震慑,之后心甘情愿地受之蛊惑、且惊诧且迷恋跟着她走了一路的歌迷,还能说些什么?我猜,无数人都深深记得惠特尼与凯文·科斯特纳那部最经典的影片《保镖》——红极一时的女歌星,与自己的保镖在工作和生活的相处中暗生情愫,而两人之间横亘的距离显而易见,但是,率性的美国人最终给观众一个惊喜的结局,证明真爱无禁忌。还记得吗?头上包着丝巾、身穿帅气风衣的"梅伦"惠特尼一步三回头地登上私人飞机,在轰隆隆的螺旋桨刮起的大风中,明眸皓齿的她无限依恋地望向一只手臂吊着绷带、西装笔挺的"弗兰克"凯文,一个透过机舱旋窗遥望,一个伫立停机坪凝视,然后,飞机缓缓向前的一刻,她不顾一切地冲下去,手上紧紧抓着那块白色丝质手帕,两个人紧紧抱住、深深拥吻,天旋地转间,是年华就此停顿的激情时分,背景音乐,便是惠特尼那首最著名的《保镖》主题曲《I will always love you》。她高亢、宽广、悠扬的歌声响起,如苍鹰飞向辽阔的天空,一路盘旋回荡,却不见振翅的痕迹。

  I hope life treats you kind
  (我希望生活对你宽容慈悲)
  and I hope you have all you've dreamed of
  (我还希望你能够美梦成真)
  and I wish to you, joy and happiness

（我还希望你能够幸福美满）

but above all this, I wish you love

（所有的一切汇成一句话，我希望你爱）……

而此刻，这歌声，我们只能通过视频一遍遍聆听、追念；这歌声，又恰似我们想献给走得那么匆忙的惠特尼。

二十年后，惠特尼终究没能留住《保镖》中女明星的光彩，婚变、吸毒、倒了嗓子，甚至个唱中途退场……后来偶传的消息多以负面居多，如同凯文·科斯特纳终于变成了一个英气不再、没有佳作的老男人。不过，后来的很多年，相信我们当中的很多人依旧会听惠特尼，就像我一样，从打口磁带到正版CD，都宝贝般珍藏在书柜深处，偶尔在某个阳光静好的午后，一个人听歌，一个人想念。看每一张CD封面上，她都露出珍珠般灿烂的牙齿，笑得一览无余又酣畅开怀。那些时候，你永远想不到有一天，这笑容会戛然凝固，结冰，倏然远逝……

《It's not right, but it's Ok》，这是惠特尼另一支动人的歌，不知为何，此时，在这夜凉如水的黑暗中，幻想她或许正在飞往天堂的路上，拍打天使的翅膀俯身对我们唱：It's not right, but it's Ok……

香港有一种"刘德华精神"

十几年的记者生涯中,如果要找一个数不清采访过多少次的大明星,大概非刘德华莫属。电影、演唱会,甚至图书。

不过,在写他之前,在无数读者看尽了他耳熟能详的故事之前,我要以一个独一无二的梦境作为开始。总觉得"人生如梦"这四个字,可以诉尽一切命运,这辈子,让我们每个人在美梦与噩梦中穿行,悲喜交加,难舍难断。

多年前不用电脑的时候,我曾有习惯记日记,枕边有本子,每次梦醒,都怕忘了梦境赶紧记下来。但是这一个梦,却完全没记过,很多年过去,至今仍不像幻景,清晰如昨,历历在目。

跟很多同行一样,我们总是梦见采访、采访、采访,令人抓狂。那天,我在梦里还是排队等着采访,不是那种长队,是横着一排像被检阅的队伍。我旁边都是新华社等主流媒体,梦里我仍是一个地方小报,好着急!有工作人员说,采访华仔要等着被点名进去。梦也是有好处的,至少我在门外就能看见华仔盘腿坐在酒店一张偌大的床上,他居然在洗头,摆出那种在美容院里洗头的架势。他穿一件宽大的绿色格子衬衣,至今我也没见过他有这样的穿衣风格,一边和身旁工作人员讲话。这时候突然我就被点了名,说是要第一个进去做采访。心里紧张得要命,拼命默念想问的问题。然后不知怎么华仔就看着我了,我们之间的距离依旧很远,是我站在门外,他坐在床上的距离……他说:你就是韩蓓?我说:是的。四目相望!这一眼,即便在梦里,当然也只有在梦里,我都能感觉到自己的怦然心动!啊哈哈……

这个梦我一直没好意思说,明明是以很拼的工作狂形象开始,却以非常无厘头的花痴样子告终。而且做这个梦的时候,我早已过了"做梦"的年纪,虽然仍然喜欢华仔,但也从年少时喜欢偶像的感觉升华到敬重他品行之境界。话说,我们这个年纪的人,哪有不喜欢华仔的呢?连我妈都是他的粉丝,一个不苟言笑的医生,有一次居然拿了我的工作证,混入我家对面影院去看华仔的新片见面会。至于他的演唱会,最好的那张贵宾票,也是被当时已六十好几的她优先占了。

我还记得十几年前,华仔携影片《爱君如梦》来杭州做首映活动,当时新开张不久的全国首家多功能影院庆春电影大世界,别出心裁搞了一次电影票拍卖活动,第一排正中的票竟拍出 1800 元的高价(那会儿的电影票价不过 20 元)!为了一睹天王风采,凡华仔到访影院的门口,马路边行道树上都爬满了人。这场面估计就算迈克尔·杰克逊转世,也未必会重现了。

每个年代人的情感和热情,都是不一样的!

我所在的报社,直到今日都在为争取上位到这座城市的主流媒体而苦苦奋争。所以我曾经为了做到一篇好稿子,付出过常人所没有的耐心和坚持。失败自然难免,比如某个雨夜,为了等到来做巡回演唱会宣传的华仔一个专访机会,我和摄影记者在他下榻酒店的总统套房楼下守候到深夜也未果;后来,在某次电影的发布会上,没轮到提问机会的我,为了不重蹈覆辙,不得不在华仔即将离席、大庭广众之下高声叫住他,告诉他我还有问题。那一次他的转身和停留,连带他彬彬有礼的耐心和配合,让我真正见识到明星是如何做成偶像的。

应该是《无间道》风光无敌的年代,华仔和梁朝伟黄秋生他们来央视录制《艺术人生》。那次节目录了好几个小时,一直到深夜。很偶然,中间休息时,我站在后台一个角落,华仔恰巧走出来,身边空无一人,他背对着我,真正跟我近在咫尺。那时我已是资深电影记者,按照当年每个好记者都拼着命要抢独家的劲头,我绝对是应该说点什么、问点什么的。但是,我居然一句话都说不出来。只是悄悄看着这个略显疲倦的男人,神秘、沉静地站在那里,不知想些什么,接着又离开。

那一刻,我的心里有一种巨大的无望和无力感在蔓延!终于明白,人与人之间,谁又能了解谁呢!凭什么我以为自己写出来的,就是真实的?

曾经写过很多关于华仔的采访文章,都提到过"香港有一种刘德华精神"。这是我最佩服他的地方。我猜也是我们这些记者或粉丝一直喜欢他的根本原因。于我而言,这个男人从20世纪80年代无线电视台的一部《猎鹰》开始,带着一张略显婴儿肥的纯真面孔走来,多数时候看他在那些热热闹闹、打打杀杀的港片里,一身夹克仔裤,走路晃着肩膀,笑得玩世不恭。最惨的一次,是在《天若有情》里抢了商店橱窗里的婚服,骑着摩托飞车带着勇敢不羁的吴倩莲,最后被黑帮刺死在香港街头,血汩汩地从他嘴里冒出来,真希望他如背景歌声里唱的那样——"青春请你归来,再伴我一会儿"……后来,时光将他的脸雕刻得日渐棱角分明,他劳模式的努力也终于得到了不同奖项的肯定。他从爱开玩笑的耍帅,不知不觉变成了一个兄长般的暖男。当然,玩笑还是喜欢开的,就算年过半百,还会跟大家撒娇,却让人忍不住想纵容他,写尽我们目光所及他所有的好。

一次偶然看见华仔的报道,是一篇张艺谋新片《长城》做宣传的稿子,大概是说片子里某个小鲜肉的火爆程度,连华仔和马特·达蒙都要退到一边做陪衬了。而且里面将华仔写得难免有种英雄落寞的悲悯感觉。该片北京发布会那天,我和武汉的闺蜜兼同行何娅在微信上感慨:我们应该见证一下的啊!那是几乎同时退出江湖不做电影记者的我们难得的一次遗憾——不是遗憾没有采访到明星云集的活动,而是遗憾没能写出我们自己的感受。

感受真的很重要!感受有时可以将一个陌生人贴上标签。此去经年,跟自己一起老去……

终于活成了自己的张曼玉

"每年总有几个月,人们好像不愿死似的,去年立春后,我一直没有买卖……"

张国荣的声音迷死人,化作在大漠中孤身一人的欧阳锋,其内心独白也句句成经典。

直到今天,王家卫的电影,我还是最喜欢《东邪西毒》。这部电影拍摄于二十多年前。而自从我不知几时买了张盗版碟后,隔段时间就会重看,就这样一遍又一遍,台词都背下来了。

其实我是想写写张曼玉,但是总感觉无从下手。似乎,只有把她和梁朝伟、刘嘉玲放在一起,才能更好地表达些什么。

张曼玉是公认的女神,也曾经是我的偶像。最喜欢的是《甜蜜蜜》里的她,那个虽然现实却最终放不下爱情的李翘。兜兜转转了很多年很多地方之后，最终还是和黎小军重逢了——正应验了那句"相逢的人总会再相逢"。

第一次近距离采访张曼玉应该是《英雄》的年代，算起来那时候她已经38岁。因为和梁朝伟在横店拍戏，无论是两人在小镇上骑单车还是来杭州吃个饭，路过之处都成为著名景点，为影迷所膜拜。记忆中，是《英雄》上映前的某次发布会，访问室里，张曼玉坐在离我近在咫尺的位置，虽然看得见眼角的细纹，皮肤也非水润透亮，但魅力却四溢得一塌糊涂。

十年之后，我在一篇专栏里写这个铂金女人——今日身价如此高贵的她，不也是从疯疯癫癫、没心没肺，一路摸爬滚打过来的嘛！我们看见十几尊影后桂冠加身的她，现在可以从容地在北京搭地铁、在巴黎骑单车，怎么看怎么一个优雅淡定安之若素，可她也是那个曾在香港街头叉开大腿抽着烟旁若无人高声讲话的不羁女，也有过被个把男友卷折耗家产或公布情书的惨痛经历。

是年48岁的她，已经懂得说自己喜欢银发和皱纹，因为它们让她觉得有智慧。

又过了一些年，我们在舞台上见识了音乐人张曼玉。只是，这一时期的她，精瘦、沧桑、带着摇滚气质，发出被众人诋毁的沙哑嗓音，却满不在乎，自得其乐。至于爱情，好像那段与外国小男友的缘分又无疾而终。

2004年,第七届上海国际电影节期间,几乎每天能遇见她的前夫、法国导演阿萨亚斯,他是那一届的评委之一,所以有机会做了采访。当时就想,女人的成长,真的是需要优秀的男人成全。走到今天的张曼玉,何尝不是如此!

从《阿飞正传》到《东邪西毒》,可以清楚看到张曼玉和刘嘉玲的蜕变。电影里的苏丽珍也好,欧阳锋的大嫂也好,最后都抓不住所爱,所以,无论是婴儿肥的张曼玉还是黑目红唇的张曼玉,眼神里永远带着郁郁寡欢。相比之下,刘嘉玲就凌厉得多,咪咪的霸道主动,虽然和桃花的慵懒迷离截然不同,但有一点必须承认,每个演员无论饰演谁,总有一些自己的影子在,看看嘉玲姐唇边的笑意,你就懂了。

她们两个,都属于看得出年纪的女人,一个写在经历太多的眼神中;另一个,是笑容泄露了岁月催人老。

张曼玉是梁朝伟的红颜知己,有个版本甚至说,伟仔曾宣称张曼玉是唯一"让他疯掉的女人"。可是,男人终究要比女人现实,爱情是一回事,婚姻是另一回事。和很多沉迷于伟仔迷人眼神的 fans 不同,我好像从未被这眼神迷惑过。在那些不同城市不同酒店的走廊与伟仔擦肩的时刻,我都很仔细地探询过眼前这个身形瘦小、习惯腼腆微笑的寡言男人,他好像随时都想悄然隐没于人群。于是忍不住猜想,内向的男人,总是会被张扬开朗的女人所吸引,甚至是"挟制",且多少还带着些心甘情愿。这真是无可救药!

爱情这种东西,绝对不能较劲的。看看《东邪西毒》里的欧阳锋和大嫂,黄药师和慕容燕,盲剑客和桃花……总觉得敢爱敢恨的张曼玉,应该就属于那种跟爱情较劲的女人,酣畅淋漓,可也颠沛流离。她一定知道,爱本身没有禁忌,可是人有禁忌,而爱是需要人来成全的。

每个少女心中都住着一个费云帆

刘德凯,这个男人的名字,于我、于许多和我同龄或年轻一些的朋友来说,似乎弥漫了一种浪漫气息,我当然清楚这完全是拜琼瑶所赐。有时候幻觉就在某一刻发生,你混淆了他扮演的角色和他本人。他因此给我留下这样一个印象:绅士、宽容、浪漫、平和,以及温文尔雅。

在结识刘德凯之前,我更愿意叫他"费云帆"——因为在那个琼瑶编织的"一帘幽梦"中,他表现得实在太完美,以至于成为每个青春年少的女孩子梦想中的爱人。他也喜欢别人叫他"费云帆"或其他角色的名字,但会笑着说,费云帆"是我的偶像,他是大情圣,那么浪漫的一个人我做不到"。

他是O型血、处女座的男人,据说这样的人对别人和自己要求都挺严格,追求完美。在我们聊天过程中,他曾谈到过一个细节——你看过吕克·贝松的《杀手里昂》吗？那部片子一开始杀手出场什么都没带，就带了一盆小小的植物，这是一个典型的漂着的人，吕克·贝松处理得很经典。我特别有同感，因为他不断地换地方，又不放心别人帮他养，所以只好随身带着。我很喜欢植物，从前也养过很多，说起来比较二百五，我常常会放音乐给它们听，有时候觉得跟植物沟通比人还容易。

在漂着的日子里，他也无时不满怀热忱地携着自己钟爱的影像之梦，期待不邀而至的灵感和奇迹发生。

有段日子，我时常会在上班的路上回忆他关于"自由"、关于"流浪"、关于"舍得"的一些说法，也会想起泰戈尔那句诗——天空没有翅膀的痕迹，而我已飞过。

第一次见到刘德凯是在冬末上海的某个雨天，为了他执导的电影《烟雨红颜》。那一次站在半米之外，看他坐在圈椅中和一群记者侃侃而谈钟晓阳，当时令学文学的我心生羡慕，在那样嘈杂的环境里，他竟然可以如此淡定地和人谈小说。还有就是，一个中年男人，竟能把一件红衬衣穿得那么得体。

之后是在初夏的无锡，在金鸡百花电影节闭幕之夜最后的酒会上。他一次次被女记者们从大圆桌前拉起来，微笑，合影——因为他曾演了那么多让这些女人着迷的优秀男人。我们拼坐在一张椅子上，谈话在人来人往中断断续续。那次的他令我心生好感，一个红了很久的明星,还能这样对待每一个影迷或记者,很不容易。

很正式做他的独家专访,是在杭州一家酒店的17楼,靠窗的位置看得见一半的西湖,刚刚入冬的夜晚,室内已经可以感受到懒散的暖意,凭窗远眺,灯光耀眼的雷峰塔显出几分冷清,背景音乐是不断重复缠绵的《爱的代价》。戴着金丝边眼镜的刘德凯依旧很"知识分子",我想这大概就是人们常说的一个人与生俱来的气质。他说话的时候不时拿起手边裹在深蓝色烟壳中的烟点上,神情专注地直视对方的眼睛。

似乎跟杭州很有缘,刘德凯说第一次来内地拍戏是1992年,刚好是来杭州拍电视剧《大红灯笼高高挂》,在西湖边。

他是学新闻出身,进入演艺圈一开始做幕后,当演员是在那之后的两三年。不过,对他这样一个思想独立的人而言,显然导演更具吸引力。他喜欢欧洲一些所谓的小品电影,因为它们跟人性比较贴近,并不是纯粹的叙事电影,能深刻地打动人。他喜欢科波拉、斯坦利·库布里克,也提到了张艺谋、田壮壮、李少红。他还希望将余秋雨的《信客》呈现在大银幕上,关于上海20世纪二三十年代,其间的文化韵味,令他着迷。

他这个年纪的男人,竟然也不回避谈论爱情话题,并且,我是第一次听到这种说法:爱情洁癖。"我对爱情状态中的自我有洁癖。当然爱情本身是比较美好的事,当感受到爱情的时候,或者在它发生之前要洁身自好,我指的是这方面有洁癖。至少是恋爱谈不谈得起的问题,这个要事先衡量一下,不是谈完了再说、谁输了谁倒霉那种态度。"

好像看见过台湾有篇关于他的报道,称"这个人缺乏安全感",其实安全感怎么是别人可以给的呢?我们排除了"财富"和"权力",谈到像空气一样重要的"自由"和"流浪"的话题,这令我们都觉欣喜。和一个能引起共鸣的人对话,是生活中一件愉快而不容易的事。

选择去做自己想做的事,生活中喜欢做减法。刘德凯感慨:"放下"两个字听起来简单,做起来是相当大的工程。放下一些欲望,所谓无欲则刚。他说,人是有得选择的,他选择了外人看来不太安全的漂的状态,多年以来都没改变。以至于去美国碰到一个三十年前的大学同学,对方羡慕得要死,说他完全跟二十岁时一样没变。"这件事对我影响蛮大的,虽然很偶然,我从来没思考过,但自己听到这些话后蛮感动的。不知道是喜是悲。"

那一刻,我希望他能做我导师一样的、永远的好朋友。

醉笑三千场不诉离殇

我第一次坐在导演高群书位于北京富成花园的工作室里是2014年的夏天，那时候我刚刚离开报社半年，跟着我当时所在的东海电影集团董事长去拜访他，因为他的公司愿意跟我们合作根据麦家小说《刀尖》改编的电影。

那是我真正意义上与高群书面对面坐着，不是为了采访。他的每部电影我都看过，有的还不止看过一遍。因为2006年他的电影处女作《东京审判》出来的时候，我已经做了好几年电影记者了。还记得当时跟院线和媒体的一些人看完后，内心有种莫名很震动的感觉，也不了解导演是谁。后来，他很有节奏地拍出一部又一部，我探过班、采过首映礼，自然也看了一部又一部。高群书这个名字，在我们还没有成为朋友的时候，已经是我必看导演作品名单上不可或缺的一个。

我算不上他的影迷,但他的电影,大多数我都喜欢。而比起其作品,我更喜欢他这个人。他的微信名字叫"风吹不动的胖子",他给我的感觉确实有种岿然不动的壮,不是胖!是那种任何时候都能稳稳站定让人靠一下的人。

因为被公司领导指定做《刀尖》的制片人,所以在差不多近三年时间里,我频繁去他的工作室。可能都是媒体人出身,聊天语境一致。在他那里,我从来不用掩饰自己的本性,想说啥说啥。他最初让我觉得很酷的是,我说起公司上班居然要扫描眼珠按手印打卡这件事,令记者出身自由惯了的我无法容忍,他坐在宽大舒适的皮沙发里,一边喝着普洱茶,笑呵呵说了一句,自己当年在电视台上班,听说要打卡的第一天就辞职了!

那段时间,我去北京出差,总是在他的工作室蹭饭吃,在那个环境幽凉可夏天蚊子超多的院子,恨不得好几米的长桌上,不知道跟他身边一群好友吃了多少顿饭。每次认识新朋友,他都特别认真介绍我是他下一部电影《刀尖》的制片人。其实那时我根本也不懂怎么当制片人,除了恶补了几本专业书,帮他联系演员,也没做啥。每次我都说自己当不了制片人,因为性格耿直又不爱跟人交际,可每次他都说要把我培养成一个好的、有文化的制片人。那部电影,中间遇到各种周折和耽搁,直到我离开东海快一年,才正式开机,似乎命中注定跟我无缘;又似乎,老天爷只是特意让我因它而结缘于高群书这个人。

年轻的时候,我是个酒品和酒量都不错的姑娘,后来就很少喝酒。可在他那里吃饭,却恢复了喝酒的习惯,因为他老爱说:不会喝酒当不了好演员!而我听到的言外之意,总觉得是——不会喝酒的人怎么做朋友!有段时间我季节性过敏,一喝酒就满身满脸发风疹,我把它叫做"现原形",可还是会象征性喝点儿。也不知为啥,回回都像是受到了那种酣畅淋漓氛围的召唤。那一顿顿百家宴似的晚餐,总让我恍如置身江湖,一帮兄弟肝胆相照。

他身边的很多人怕他,可能是不说话时的威严感,以及在片场工作有时会黑脸。私下里,我和好友会偷偷叫他"群群",因为接触越久,越发现他是一个内心极其善良到柔软的人,正直、体面、清高、宽容、讲义气,尤其对那些不值得善待的狡猾之徒或市侩,也不爱计较,这一点令我耿耿于怀且愤愤不平。

我有时做梦,会梦见他,不是在吴哥窟那类地方置景,就是飞檐走壁营救我,总之都是特别大美和侠义的感觉。这令我想起很多年前去他的电影《西风烈》片场探班,凌晨时分,从敦煌出发,汽车在黑暗中颠簸穿过大片艰险戈壁,一个半小时后终于抵达重山连绵的山谷间,当时气温已降至零下,寒风刺骨,繁星闪烁。那是整部电影的一场重头戏,讲吴镇宇扮演的杀手追杀夏雨和杨采妮这对亡命天涯的情侣,而刑警队长段奕宏要保护押解这对男女。当时,段奕宏、夏雨和杨采妮的帐篷被杀手包围并在外燃起熊熊大火……那次,接受采访的他曾表示,很钟情那一片风景,感觉是一个会发生神秘故事的地方,其历经久远的气息,很符合自己电影的风格。

壮阔、冷峻而凌厉,是我从他电影里触摸到的,我相信,他骨子里一定也带有这类气质。只不过,生活常态里鲜少能让人感受到。有些时候,我看见他嘴里念念有词抱起心爱的狗狗轻声唤着"乌玛"时,会不觉感慨:果真是个双鱼座啊!两条向相反方向游去的鱼,性格中该有多么对立和纠结!

如果活在武侠的世界里,我希望自己是个男人,和他把酒言欢,带着那种"与君仗剑骑马走天涯,醉笑三千场不诉离殇"的豪情。

原来你是这样的巩俐

原先她好像点缀夜空的明星,现在坠落在地,却没有变成一片焦黑的石头,依旧闪烁莹莹晶亮的蓝光——这段话用来形容巩俐,恰如其分。绝非赞美,只是感慨。

和其他所有的明星比起来,巩俐接受媒体采访的机会算是很少的。不过,采访到她的几次,对她的印象都很好。时间最长、最随意的一次,是她拍完《周渔的火车》来杭州,身边的她,原来比银幕上要清瘦很多,脸盘和五官都更精致,但掩饰不住与生俱来的某种清高。那时的她,已经很少露面,说了些什么,也完全没有印象。有一次我翻从前的相簿,居然发现自己跟巩俐有张合影。做娱乐记者那么多年,采访过每一个大牌明星都不止一次,但从没有习惯跟他们合影。我想不出来为什么当时鬼使神差跟一个女明星拍了照,唯一的可能性就是她足够随意和友善,跟我们每个人都合了影。

"我是个对生活没有目标的人。"巩俐对着杨澜这样讲的时候,又补充了几句,意思是这纯粹是就个人而言,免得人家误会她的"导向"问题。以我们所受的教育,从小到大,哪个孩子不是被灌输着"人生要有奋斗目标"这样积极向上的思想。可是巩俐就这么在一个公开的访谈中说了,没什么目标,因为觉得一旦有了目标,就会有压力,她不喜欢有压力的感觉。而没有目标的好处在于,她可以永远往前走……所以,她没想过拿奥斯卡,没想过做了演员还要往导演编剧制片人什么方向发展,断然没有!当一个人随意而散漫地走在路上,那是多么惬意而美妙的状态。

而即便贵为国际影星,她也当自己是个普通人,比如出门从不带助手和保镖。她说没必要,也不习惯。因为拍戏的时候已经受到来自导演、摄影、灯光各方面的限制,已经很不自由了,好不容易回到平常生活,为什么要跟自己过不去。至于被问到加入新加坡国籍,她几乎轻描淡写到了极致:就是很个人的事情,没什么可说的。她是那么从容的女人,有足够的视野和胸怀,任别人怎么说,只会笑着回应一句:说就说呗,跟我也没什么关系。这跟她的家庭教育有关,她有个正直而大气的母亲。

就在跟同事津津乐道于巩俐的直率和自在之际,为了一条传言不得不对孙红雷电话采访。那端的他问谁找孙红雷，我只好自报家门，他在那边就乐了。我赶紧说明原因，生怕他误会自己堕落成狗仔不受待见，他倒是坦然，又愤愤然不解道：你说我们认识那么多年，从前也做采访，什么时候有这样的事情呀，我一直都是说真话的，怎么现在就被那些记者断章取义了呢？后来他的一条短信让我很感慨：让我们把真实和简单留给自己！

还记得有阵子传孙红雷和巩俐的绯闻，后来孙红雷出来回应时，多次率性地表示很欣赏巩俐，确实很喜欢这样的女人。我相信他一定见识到了巩俐身上的特别，和外表无关，关乎内心，那远比我们在某些采访中看见的特别，不知道多了多少倍！

嗯，把真实和简单留给自己。做起来，未必那么容易。

还记得王志文吗?

在媒体提倡读图时代的今天,能看完一篇长达十页的访问,靠耐心显然是不可能的,文字以外,一定是内容好看。前两天看一个关于王志文的很长的采访,是难得做得好看的。《世界可以变,我这儿不能变》,标题里王志文的个性跃然纸上,让我想起很多年前《过把瘾》里的那个"方言",终于无法忍受小文化馆里喜欢"哧溜哧溜"喝茶的领导,拍案而起怒斥"烦你不是一天两天"的情景,至今忍不住又羡慕又想笑。这部电视剧是赵宝刚执导的,1994年播出时非常火,只有8集,也是精炼好看。很难想象二十年后的电视剧集,都变成四五十集甚至更长!

写文章的女记者原来是同城一家媒体的风云人物,上海女孩,后来回了家乡,依旧干得出色。现在出道的娱记,已经很难有机会再见识王志文的锋芒了!比如他说:

"我为什么话这么少,因为我从事的这个职业在台词以外是不需要去说话的,是要求人闭嘴的";他还会更直接告诉你,简直不能接受现在做首映满世界溜达的方式,"我觉得这是一种浪费,是对人的摧残。一个人不应该今天在这个城市,明天在那个城市,对着不一样的陌生面孔,说着同样的话,这不叫人。每天说同样的话,还得微笑示人,我理解中人格健全的人都做不到,可以被分裂的也许能。我做不到极度耐心,尤其面对愚蠢的问题。"

　　这让我想起,有一次一帮杭州媒体特意去上海采访王志文,在一个酒店类似包厢的房间里,还没开聊,就有一电视台女记者上前要他为自己的频道录一段问候语,他当下拒绝,不料那女记者还挺轴,固执地问:你为啥不录呀?王志文似笑非笑问:你觉得有意思吗?女记者特二地扮天真道:我觉得有意思呀!王志文终于严肃答:我觉得没意思!场面立刻尴尬起来。这有点类似某女记者去问同样"难搞"的姜文:你喜欢什么颜色?都很白痴!

　　不得不承认,很多时候,采访者与被采访者之间是要有眼缘的,彼此气场不合,蜻蜓点水敷衍地你问我答也罢,想要交付点真诚的东西,难。作为一个曾经很擅长做明星专访的人,我很惭愧这几年因为多数人阅读口味的转变,已经很少做此类报道,就算有片方和经纪人要求做谁的专访,都没有兴趣去做。跟王志文说的那样,明星们游击队员一样打一枪换一个地方的密集型宣传,抽空半小时十五分钟接受记者专访,彼此还未从陌生的戒备状态中解放出来,谈什么呢？我很怀疑这种情况下能做出什么真诚与真实的访问来,也完全没有兴趣玩这种心照不宣的游戏。

　　这么说一点儿没有责怪明星的意思。凡事讲究"礼尚往来",你不付出心力,凭什么就盼着获取真心？作为采访者,应该有自知之明。再说了,这么浮躁焦灼的现世,多数人只热衷于八卦艳情小道消息,至于几多诚意和真心这些,谁会介意呢！

九零年代的金童玉女

一个人怀旧，其实并不是仅仅因为他老了，而是他经历得够多，记忆中堆积了很多碎片因再无可能重来一遍，所以令他喜欢怀想。如此，心中自然是有欢乐的，但更多则是充满感叹和无奈。

无数个场合，听无数人唱过李宗盛的那首《生命中的每一天》，却从没有像听到毛宁和杨钰莹演唱时的那种感动。过年放假在家，偶然在深圳卫视看见20世纪90年代红遍中国的这一对金童玉女，二十年的岁月流转，竟没能在他们身上烙下沧桑和戾气。都是40＋的年纪，却完全没有中年的感觉。当年的纤纤玉女杨钰莹，依旧是如水泻似的长发，妩媚的眼波，清瘦的身体；曾经的阳光男孩毛宁，仍然是明眸皓齿、款款情深，看他凝视杨钰莹的眼神，真的惊讶于那无限的清澈与深情。

"让我将生命中最闪亮的那一段与你分享/让我用生命中最嘹亮的歌声来陪伴你/让我将心中最温柔的部分给你/在你最需要朋友的时候/让我真心真意对你在每一天……"

有一度,镜头聚焦在毛宁牵着杨钰莹的两只手上,不知道是不是摄像师也跟主持人一样唏嘘:为何,如此般配的一对璧人,竟有缘无分只能结下兄妹之情。

他俩,可以说是中国第一对被成功包装的偶像明星组合,一个江西女孩,与一个东北男生,各自都拥有美好的容貌和动听的歌喉,两人一亮相,即刻被观众惊为天人。或许这一对看着实在太珠联璧合,以至于大家多么期待他们能传出恋情,成为生活中郎才女貌的爱人同志。但是,戏未必就如人生,两人的情感也并未像歌中所唱的那样郎情妾意修成正果。之后,世事变迁,人生遭遇的坎坎坷坷,令两人的事业同样从如日中天跌入冰点……

很多年以后,与两人大红之时相隔了二十年,当他们再度走进观众的视线,当年迷恋着《心雨》的我们早就将青葱的少年时光消磨殆尽,那甜美的伊人,正婷婷立于舞台中央,与一直惺惺相惜的伙伴唱着这些年的深深感慨。

在我们的生命中,最闪亮的一段是与谁分享的?最嘹亮的歌声是唱给谁的?最温柔的情感是对谁倾诉的?看见毛宁盯着杨钰莹透亮的双眸,有那么一刻突然我就热泪盈眶了。不仅是为了这个男人即便久经磨难、依旧拥有如此干净的目光，也为了自己生命中再也回不去的韶华！

　　成年以后，曾经有一度，遇见喜欢的人，会有很深的遗憾，觉得没有在自己最年轻最美好的时光遇见他，所以拼了十分的力气去好好疼爱对方。后来才知道，每个人都无力跟岁月抗争，唯有坦然接受命运的任何安排。

　　生命中的每一段，都有最闪亮的瞬间。经历的时刻，多数人并无察觉。总是要等到多年以后，才慢慢有所感悟——世间，一直有那么多重要的人，在我们的每一个年龄段，悄然与我们分享着喜怒哀乐。只是，走着走着，彼此可能被生活冲散。有些人离散之后，几年或几十年后有机会得以重逢，便有了失而复得的惊喜；另一些人最终消失于茫茫人海杳无音讯，空留回忆抚慰我们偶尔泛起的念想，也越发觉得那回忆是如此动人与闪亮。

文艺青年黄秋生

不知从什么时候开始,香港演员黄秋生就被人另眼相看了。大家不再计较早年他拍过的众多烂片,而是竞相捕捉他在镜头前出神入化的精湛演技。

好像是从电影《无间道》开始,黄秋生和内地媒体的接触多了起来,他率真的个性更是成为独特标签。记得有一次,在中央电视台《艺术人生》演播现场看黄秋生做节目,当时还有刘德华、梁朝伟、陈慧琳、杜汶泽等一拨人,都是为《无间道》而来。黄秋生戴了一顶和《林海雪原》中"座山雕"有点像的黑色毛皮帽子,主持人朱军拐弯抹角地想说服他摘下来,他就是不买账,那坚持的神情不怒自威,搞得朱军很是尴尬。

曾经拍过160多部电影,黄秋生从来不否认其中包括无数品质低下的港产片。一切在他看来都是理所当然的,做艺人很被动,当生计都成问题的时候,你没得选择!他不会高喊着艺术的口号,因为他知道生活是很实际的,遇到好片子是自己的福分和享受;遇到烂片,看你怎么演——他自信是那种把烂片也能演出彩的人。

记忆中,每一次跟黄秋生做采访,那场景都清晰如昨——比如在香港钵兰街那家叫做"烂酒吧"的夜晚,昏暗的灯光下,隔着桌子目光炯炯地坐在那里的他,曾怎样放肆谈笑;比如在温州一个酒店与他一起站在逼仄的电梯间里,偷看他阴着脸沉默地对着镜子打理胸前的围巾,猜不透他的心情;以及,采访时少有人会坐到他身边,因为这个气场过于咄咄逼人的男人说过一句话:我站在那儿就有一股杀气!

江湖上,香港的黄秋生,名声跟内地的姜文比肩,都不是"好弄"之人。有意思的是,两人生活里也是彼此欣赏的君子之交。

当内地"愤青"导演姜文完成第一部影片《阳光灿烂的日子》时,香港"愤青"演员黄秋生还在演着《人肉叉烧包》这样的"烂片"。很多年以后,两个"愤青"都变成了"愤中",他们终于借一部电影相遇,并且自娱自乐得很 high。"我因'摸'了一下女人的屁股而被 300 人追杀。"黄秋生这样介绍自己在姜文最在乎的电影《太阳照常升起》里的角色。

"我们是性相近,习相远。他是中戏的高材生,我 1985 年第一次去北京时就看过他在学校演小品的录像;听说他曾将《茶馆》看过一百多遍,他是一个极用功又极聪明的人。

当时我们在香港哪有这样的条件？我总觉得同时当导演和演员是要过程的，搞不好两边都做不好，但姜文是个例外。"

在香港影视圈，黄秋生凭个性与演技被称作"东邪"一样的人物。而如果一定要拿金庸小说来套，姜文在黄秋生眼中，则像《射雕》里的成吉思汗。

喝酒，对黄秋生来说是最奢侈而快乐的事。每天至少喝一瓶红酒，有时两瓶，通常饭前喝一瓶红酒，然后再喝一瓶威士忌。喝了酒之后，人的心绪往往更容易打开。聊天中，他主动说起自己是处女座，上升星座在天蝎，现在，是天蝎在主导自己。挑剔、要求完美、强悍而神秘，除此之外，他还真实得要命。看看他这些不加修饰的问答，就知道了——

记：请问你接戏有什么标准吗？

黄：(似笑非笑瞪着眼)当然有，首先要有钱。当然拍一个戏还要看很多因素，导演是谁，对手是谁，投资公司，剧本，档期……

记：但多数演员会说首先是看剧本，而不是钱。

黄：那都是骗人的！

记：你现在一定很贵了。

黄：也有神经病啊，来找我，还是二十年前的价。我跟我妈说这事，她开玩笑，说你去对他讲：找我不行，找周润发可能行。片酬是根据你的市场价值定的，而不是你演了多少部电影。

记：你是个对自己有要求的人？

黄：对，我拍戏很认真。好演员应该对自己的评价很客观，不能拒绝听批评的话，要会分析这些批评，有些人是很会看戏的。唯一让你成为高手的，就是还知道自己有不足之处，一旦你停止了，就会退步。

记：问一个很俗套的问题：演了那么多角色，最想演的是什么？

黄：我以前开玩笑说过，刘德华演过的所有角色，我都想演一遍，呵呵。

记：什么东西最能打动你呢？

黄：有钱就能打动我，哈哈！（然后正色）好的文字，我喜欢看书。

记：最近在看什么书？

黄：我口袋里放着一本怎么开飞机的书，还有一本法文书，我想学好法语。

记：为什么看这么奇怪的书？你要学开飞机？

黄：因为我很怕坐飞机，想知道飞机到底是怎么开的，而且会开飞机好有型。我小儿子就在学，当然他年纪小不是学真的飞机，以后他会去考飞机驾照。我也想学。

记：发现你性格中有很孩子气的一面。

黄：每个好演员都是一个小孩子，否则就很无趣了。

记：你贵为大明星，江湖地位已经摆在那里，觉得自己还缺什么吗？

黄：我缺的东西永远也得不到，呵呵，（停顿良久）我缺失的是父爱！不过不要太介意自己缺失的东西，每个人头上都有一片天。我妈说，有这条虫子，就有它待的一片叶子。看你自己有的，不要看没有的。吃饭的时候要看眼前碗里的，而不是别人碗里的。

记：演戏之外，你最大的兴趣是什么？

黄：我最大兴趣……应该是思考。我总会想很多事情。（拿起手边一只茶杯）比如看见它，我就会想，以前这只杯子是什么样的，为什么古代可以做得很精致的瓷器，现在可以做成这么难看、粗糙？

记：你有很多爱好？

黄：是呀，我还驾驶帆船，与朋友合买的，因为我喜欢海。喝茶、武术、写毛笔字……

记：是吗？你喜欢书法？姜文就喜欢看字帖。

黄：我写新体，自由体，呵呵，是名人书法。传统的书法我喜欢王羲之的字，《兰亭序》是他喝醉时写的，我跟他一样，昨晚就写了十几张。

记：也是喝醉了以后写的？

黄：呵呵，对。（他后来还让身边的人拿来了自己写的一张字，果然很有气势）

记：你喜欢的书呢？都看什么类型的？

黄：历史文化、哲学、社会学。我最爱看的书是《资治通鉴》，这本书对我的人生影响很大，让我知道怎么做人。我还送了刘德华一套，不知道他看了没有。

美少年的后来

如果,一个男人,不但长得帅,还有才华,还挺文艺,居然,还愿意跟你结婚!你会不会觉得前世修了什么洪福,才换得今生这几近童话的完美生活?

因为刚看了吴彦祖主演的《窃听风云2》,突然生出这个念头来。看过这部片子的女孩,奔出影院的第一句话,几乎都是仰天长叹:吴彦祖怎么那么帅呀!

吴彦祖的帅是公认的,我更惊艳的,其实是他的演技。他不是那种动辄颠覆形象的演员,可是如果你在很长一段时间里不间断看他的电影,就发现,当年的"美少年",不知不觉已变成很会演戏的好演员。

《窃听风云2》里的吴彦祖,演一个为父报仇的悲情英雄。在北京采访他时,我问他在尔冬升、古天乐这样熟悉的好搭档中间,还会觉得有什么值得挑战和难演的地方。他很认真地说还是有,就是里面跟患了老年痴呆症母亲的那场戏。清醒的时候,母亲认得他是儿子,心心念念要他复仇;糊涂的时候,把他当作老公,依偎着回忆最好的时光……我看第二遍时,特别留心吴彦祖的眼神和小动作,果真精彩!

之前还看了他的一部《单身男女》,也是跟古天乐搭档,他扮演的是个完美的"火星男"。记得那时看完影片的很多女孩,都一副恨恨的嘴脸,哀叹片中的高圆圆凭什么就能得到这两大型男的真爱。不过,跟古帅哥演的花心男相比,吴彦祖的角色显然更适宜婚嫁。尽管,他在接受采访时,用了一连串的"真的真的"来回应:现在世界上"真的"没有"火星男"!可是,粉丝们顺着他个人的生活及情感之路,还是发现其实他本人就是一枚"火星男"!

看着影院外几乎铺满整幕墙的《窃听风云2》巨幅海报上,吴彦祖顶着酷得要命的发型,亦正亦邪的眼神似乎正俯瞰路人,突然想起,第一次见到他,已经是十几年前的事情了。那一届的金鸡百花电影节在宁波举行,他主演的《游园惊梦》是开幕影片。那时的他完全是新人,很可能是初来内地,包括香港导演杨凡,也是我们不熟悉的。印象很深的是,他跟着主创一起进了当地一家闹哄哄的传统影院,穿一件颜色鲜艳近似橘色的皮夹克,文静、腼腆、寡言,没有记者认识这张英俊面孔,也没有人会急吼吼追着他采访,而他的国语,也讲得十分生硬。

直到他出演《旺角黑夜》，是 2005 年，才真正关注到他的表演。那时开始，导演尔冬升就在很多场合断言，吴彦祖绝对是未来香港影坛的中坚力量。这话他说了两三年，结果，时间给了他最好的明证。《天堂口》《门徒》《枪王之王》《窃听风云》系列……除了他不断升级的演技，尤其欣赏他不曾改变的仪态。这个出生成长在美国、父母都是知识分子、自己也是建筑系高材生的演员，身上有一种与生俱来的安静与收敛，从"美少年"时代一路走来，居然可以在十几年里面对媒体始终保持恭谦善意，即便得了奖也从不见张扬跋扈之色，难能可贵。

他因为来香港旅行赚路费误打误撞进了电影圈，爱上演戏也爱上导演；他一直没放弃建筑设计的本行，时有作品展示；他向往孤身旅行，比如去尼泊尔之类的国家朝圣；他还在"应该"的年纪与相恋 8 年的女友低调成婚；他说自己从来不懂浪漫，居家时或做孝子或宅在爱妻身边……

在凌乱慌张的现世，你可曾遇见过这样的男人？如果有，赶紧嫁了。

刚刚好的"黎小军"和"沈世钧"

我一直偏爱干净浪漫的文艺片,像《甜蜜蜜》和《半生缘》这类是我的大爱,而这两部片子若没有黎明扮演的黎小军和沈世钧,一定就丢掉了灵魂。

不知道为什么,媒体对黎明一直不太待见,总觉得他不爱理人,有时还会黑面。我却每每为他辩护,说采访他几次,从没有这样的感觉。

还记得很多年前去北京采他演的《双雄》,飞机晚点,跟同行闺蜜宋笑梅赶到发布会现场时,群访已经收摊,被告知剩下电视和纸媒的分组采访。站在人刚散去有些狼藉的会场里,笑梅说去找水喝,我一脸茫然地等着,突然在红毯的这边,看见一个熟悉的人迎面走来,身边围着保镖,但没人挡我,他笑得友好,说"你好",我一头雾水本能地回一句"你好",就这样擦肩而过。然后笑梅急匆匆赶过来，拉着我说那是不是黎明。对哦，我才恍然，两人赶紧挤进主席台前的人堆里，准备抓紧发问。无奈，摄影摄像记者又高又壮的身影将我们挡在最后，好不容易挤到前排角落举手想问问题时，片方又来人说采访结束了。现在想来，当年的我们真是好敬业，如果没有单独采访的机会，分组采访中一定要把自己准备的问题给问到，别的记者问的，基本都不会去写，那不算自己的功课。所以，那次情急之下我就大叫：还有问题没问呀！没想到的是，已经经过我们这边快走下主席台的黎明突然折回，并且突然蹲下来，趴在主席台的桌沿，盯着我轻声说：那你问吧！

多年以后，我仍然记得这个细节，留在记忆中好像电影的回放。

再后来，接到更难的任务，要做一个黎明的专访。刚好是他制作并主演的《大城小事》宣传期间，这部电影也是被人苛责的。那天的发布会特意选在情人节，地点放在上海金茂大厦的顶层。那是我第一次登上金茂最高层，第一次透过被阳光晒得温热的玻璃窗俯瞰黄浦江。那天被告知没有安排媒体专访时间，好一阵沟通未果，我只能改成利用仅有的见面会时间提问。当时站在黎明的左侧，等别人问完，我跟他解释，有个整版的人物专访等着他来回答问题，所以，恐怕要问得比较多。他仍然是没有太多情绪但温文尔雅地笑着，一边侧身倾听耐心回答。

那个情人节,想来真是完美。我圆满完成了自己的工作,一路小跑从浦东赶下班高峰的地铁,在人民广场步行街钻出地面,然后远远看见当年特意从北京赶来陪我过节的男友。我们就这样隔着人群,远远望着,绽放欢颜。

可能对我而言,黎明这个人,以及他的电影,都代表着一个年代特有的温情脉脉和珍重体谅。时间过去了,物是人非,连电影的味道,都不那么讲究了……

致青春不老的小虎队

把你的心我的心串一串
串一株幸运草串一个同心圆
让所有期待未来的呼唤
趁青春做个伴……

当我们熟悉的《爱》的旋律在耳边响起,当他们昂着头从舞台中央缓缓升起,我听见璀璨的舞台之下观众的掌声和欢呼,然后——三个早已放飞了青春的男人,在台上打着手语,唱出了这支久违的歌。

虎年的大年三十,春晚,如果说我有什么特别的期待,那就是因为有了他们——小虎队的再聚首。

不知道有多少人跟我一样,在观看小虎队表演的那一刻,心底会涌起这样的感觉——年华就此停顿,泪水在心中汇成河流。那一天,从早到晚,不时接到新春祝福的短信。我原本以为,最密集的轰炸一定还是零点钟声响起的一刻。结果不是,是小虎队登台演唱的时候。"看他们在台上唱着跳着,突然有点想落泪。我们的青春年华啊!""你在看吗?我看得泪水飞溅,原来时光真的不能倒流了……"我所有的好友,几乎都发来这样的感慨!

你们,是不是都想起了20世纪80年代末的校园?学校广播台没完没了地播放着《青苹果乐园》,班上的男生偷偷烫起了椰菜头,突然爱上了粉色西装配萝卜裤?而那三个俊美少年比划的手语,应该是那些年夏日最流行的手势。贴纸、卡片、海报,似乎是一夜之间,小虎队就超越了山口百惠和三浦友和,第一次以少年偶像的姿态,犹如一场盛夏午后的暴雨,打湿了所有我们这些怀揣梦想、青春萌动的少年心怀。

那个年代,我是埋头苦读的好女生,几乎不看电视,除了悄悄收藏的小虎队卡片,记忆中关于这三个遥不可及的少年明星,一切都是静止的。而他们的歌声,很长一段时间是我读书时的背景音乐,有少年人特有的明朗、欢快、热闹,偶尔也有为赋新词的一点忧伤和惆怅,但因为太年轻,那些感伤,还来不及让人注意,就已倏然远逝……

十几年后,我做记者,采访很多明星,终于先后见到了陈志朋、吴奇隆、苏有朋。第一次见陈志朋,他好像是来杭州宣传一部电视剧,被一堆人围着要求写祝福的话,

我怕记忆太短 遗忘很　长

看见他埋头很认真地写,突然忘了什么字,赶紧问对方怎么写,所以印象很深。很多年后,我们有缘结识,还是常常看见他接过歌迷的本子挨个签名留言,眉宇间不再有少年的稚气和顽皮,却多了几分沉静与美好。吴奇隆我见过一次,是在西湖的一条游船上跟他做采访,差不多也有十多年了,那时的他依旧帅气,还带着霹雳虎的宽容神情,谦和,也不失活泼。至于苏有朋,应该是有过几次采访的,却真是不太记得,唯一有印象的是,他演了《风声》之后,几次出来做宣传,都是应对戏份被删的话题,他总是佯装生气,但脸上却带着微笑。

春晚的那一夜,我怀疑是我第一次在电视上那么专注地看小虎队的演唱。吴奇隆依旧帅气,只是神情中有了一缕沧桑和忧郁;陈志朋晒黑了清瘦了,却难得一脸舒展,笑得像少年一般欢快与天真;苏有朋早已不复乖乖虎年代的朴实,是真的成熟了、长大了……

那一晚,以及后面的两天,无所事事的时候,就遥控着电视里的八十多个频道,看见春晚重播,就等着再看小虎队那段,第二遍、第三遍……第十二遍……甚至更多。

那一遍又一遍寻找他们唱唱跳跳身影的念头,其实并不是真的迷恋他们的表演到这种程度,而是对逝去时光的一种怀恋和不舍吧?就好像那一晚无数人的热泪盈眶,也许更多是为了追忆自己的年少芳华。看见眼前三个被岁月眷顾的中年男人,恍然间回首自己走过的青春,发现终究是再也抓不住回不去了,才会忍不住哭起来吧?

  真的很感谢小虎队。他们于我们这一代,甚至我们上一代或下一代人而言,都不仅仅是一个偶像组合那么简单。真不知道该怎样表达我复杂的心意,也许可以借用一下叶芝的《When you are old》这首诗里我最钟情的几句——

  多少人真情假意
  爱过你的美丽
  爱过你欢乐而迷人的青春
  唯独一人爱过你朝圣者的心
  爱你日益凋谢的脸上的哀戚

记忆中那朵故乡的云

"我第一个梦想,是当发型师。第二个梦想就是见到黄日华,去给黄日华剪头发。记得在进入影视圈后,我第一次见到他,还是抱着这个想法。后来我们私下里聊天,我也承认这件事情。之所以去演戏,是因为喜欢黄日华,希望有一天能见到他!"

看到张曼玉在某次访谈中这么率真的一段话,忍不住笑起来。今天的张曼玉,早已不是二十年前那个带点婴儿肥的选美小姐,只知道玩儿命接戏却未必考虑真的想要什么。当年,那个笑吟吟露着可爱兔牙的女孩,原来想去演戏,只为了一个喜欢的明星。多年以后,她毫无顾忌地说给大家听的时候,早已贵为国际巨星,即便不拍戏很久,人们依旧追逐她的点滴动向。

每一个人,年少的时候都会有梦想吧?哪怕很多是不切实际的。而命运有时候多么奇妙呀,在你完全不认为可以达成心愿的某一刻,帮你美梦成真。我经常听同事讲,小时候多喜欢某个明星,却从未想到有一天可以跟他(她)咫尺相见,甚至亲密交谈。偶尔,我自己也会想到,考大学的时候,一心想报考旅游经济系,除了从小喜欢旅行,还有一个内心的小秘密,就是异想天开地希望某一天成为导游时,在自己带的旅行团里可以遇见心仪的偶像费翔。那个年代,费翔是所有少女心中的白马王子。事实上,不是每件事都是那么天遂人愿。我考上的是中文系,很快陶醉在小说和电影中,人生的目标也因为受教育越来越多变得非常清晰与坚定,就是要做一个老师或者记者。并且,当校园里开始流行《外面的世界很精彩》时,我很快沉醉在长发不羁有着流浪气质的齐秦的歌声中……

很多年以后,我做了娱乐记者,一个朋友刚好接下费翔的演唱会,让我过去采访。那时候的费翔,依旧是红的,不过他的演唱会,已经打上了怀旧的标签。那次似乎是去了一个酒店的咖啡吧,并不是正式的发布会,也没有什么记者,很多年过去了,也忘了到底采访了些什么,只记得临走时和费翔并肩坐在沙发上合影,他像邻家大哥一样搂着我的肩。那张照片洗出来之后,费翔依旧是俊朗的,只是神情真的好像一个哥哥,没有偶像明星的耀目,笑得灿然也温和。而我依旧记得的是,在电梯里他问我,周末和男朋友去玩吗?就像一个旧友的寒暄……

我后来说起这件事情,有很深的感慨。命运的车轮,转到那个冬天,终于为我年少时小小的梦想短暂停留了一下,也成为青春永远的记忆。张学友有一首歌,叫《她来听我的演唱会》,里面唱尽一个女人前半生的情感,17岁的初恋,25岁的失恋,33岁遭遇爱的对手,40岁安心于自己的小孩和男人……"她来听我的演唱会,在40岁后听歌的女人很美,小孩在问她为什么流泪,身边的男人早已渐渐入睡,她静静听着我们的演唱会。"后来我去听了费翔的演唱会,看不再年轻的他唱着从前我喜欢的歌,在不曾老去的青春里,已经学会匆忙感叹了……

再过了很多年,又去听蔡琴的演唱会,这个不甘老去的女人,竭尽所能发挥自己的好口才调动现场气氛,而我却high不起来。唯有她安静地唱起那首《读你》——"你的眉目之间,锁着我的爱恋;你的唇齿之间,留着我的誓言……"几乎令我顷刻间泪水充盈,那是我最爱听的费翔唱过的一首歌。那天,身边正坐着我深深喜欢的人,可却无法告白。

年轻时喜欢上的一个人,即便仅仅是一个梦,于成长的岁月中,他(她)依旧会成为一个印迹,在你日后走过的每一个路口,在某个不经意的瞬间,会突然轻叩你的心房。好像飘入水中的一片落叶,悄然泛起淡淡涟漪,有一丝心酸的甜蜜和感伤,告知你,其实有些感觉,我们一辈子都不曾忘却——而那种感觉,何尝不是记忆里,那一朵故乡的云。

恰好你也喜欢许巍

许巍比我想象的要矮而清瘦,也没有之前看过他上海演唱会的哥们说的那么沧桑。他剪短了头发,穿最简单的白色T恤、仔裤和白色球鞋,是我钟爱的穿衣风格。他抱着吉他在台上独自歌唱,我好像回到了大学校园——隐约的爱情既美好又令人不安,渴望自由的心像长了翅膀,随时准备飞向远方……

端午节的夜晚,月如钩。西湖新天地户外音乐节第一天的压轴,是我最喜欢的歌手许巍登场。不太开阔的草坪上,经过从下午到夜晚观众们野餐般的洗礼,早已狼藉一片。我只为许巍踩点而来,他上台,我就舍得大声唤一句:许巍,我爱你!现场的氛围不算很 high,我多么希望他不是站在这柔软清淡的湖边,而是倚着北京后海银锭桥旁的某棵柳树,用一点点颓废的劲儿,唱着那些忧伤的、放逐的、流浪的、彷徨的歌。

对很多人来说，最初记住某支喜欢的歌，一定伴随着某段特别的岁月。比如许巍的歌，于我而言，就是浪迹云南的日子。那时，在昆明的创库酒吧第一次听《蓝莲花》——没有什么能够阻挡，你对自由的向往，天马行空的生涯，你的心了无牵挂……我就惊呆了。后来，在大理、在丽江、在香格里拉，在更远的异乡，就像是宿命一般，旅途上永远回响着他的歌声。以至于很久以后，回到生活的城市，只要有朋友的车上播放许巍的歌，我总是有一种浪迹天涯的冲动，总是很想问一句——我们可不可以，就这样一直开下去，再也不要停下来，开去世界的尽头？

这个来自古都西安的男人，并不起眼的外表下，深藏一颗忧郁的心，且行且歌中，却又拥有感动人心的粲然微笑。之所以喜欢许巍，因为那些歌词和旋律，多半由他原创。我不知道他是如何写出这样动人的歌词，还有不羁中充满温情的曲调，每一次都可以把一小撮文艺青年们唱得心潮澎湃或愁肠百结。习惯了他抱一把琴，仰头站在台上，微微闭着双眼，几乎没有表情地一唱到底，旁人，则早已在那样的歌声中，怅然若失起来。

你喜欢许巍吗？好像当年流行的那句"你喜欢勃拉姆斯吗"。某种程度上，那样一句问话，简直成了我们在芸芸众生彼此无法了解的尘世间寻找同类的暗号。因为我总是固执地以为,喜欢许巍的人内心是充满梦想与渴望的,在无法浪漫的现世,有很多的纠结或心思难以释怀,想要出走,却又有太多牵挂难舍,那多半与责任有关,却违背向往自由的天性……

  我多想看到你

  那依旧灿烂的笑容

  再一次释放自己

  胸中那灿烂的情感……

  这才是"完美生活"。这才是我憧憬的完美生活——我深爱的你呀,我们在相遇的一刻,你总是可以让我看见灿烂笑容,对我说出最真心的话语。就算不能一起走到世界的尽头,就算天荒地老只是一句酒后誓言,那又怎样,我全都笑纳!

梁朝伟和他的新娘

电影《赤壁》在北京首映发布会那时,距离梁朝伟大婚不到二十天。

那天伟仔出来时,没穿礼服,非常随意地衬衫外套了一件针织开衫,好像刚从自家的露台走出来,打算接待熟识的老友。那天他走在张震的后面,在前排落座,主创人员的座位和后面的媒体隔开来。我坐在他的右侧后方,看见他身形瘦削的背影,和任何陌生男人没什么两样。忍不住对身边的好友低语:你看哦,那么多人当中,这个背影根本认不出是梁朝伟呀!可是,我们之前都喜欢写他,说这个男人连背影也会演戏!

分组采访的时候,伟仔是绝对的焦点,因为大家都知道他快结婚的消息,当然还不清楚具体日子,还没注意到不丹那个神秘国度……那天他难得很开心,舒展了眉头,算是有一点"畅言"的味道。后来,群访结束,我在酒店通道另一头看见他又走出来,对着几个香港记者讲话,我只能听懂几句粤语,都是含混的推搪之词。那时跟他一步的距离,看见他脸上几乎没有扑粉,皮肤像多数四十多岁男人那样,有些松弛,眼角也有很深的纹路。并且,也不觉得他的眼神电人,只感到他看人的样子很温和……

刘嘉玲要嫁的人,银幕之下其实也是一个朴素的居家男人!不是《春光乍泄》里深情寡言的黎耀辉,不是《无间道》里眼光凌厉的陈永仁,也不是《色·戒》里阴郁沉默的易先生……那些很有魅力的男人,不过是戏里的人物,是假的。

几乎连续一周,这个男人和他的新娘,每天都占据了娱乐版的头条。一对分分合合终究不离不弃度过19年光阴的男女,终于结婚了!我分别问很要好的两个朋友,你怎么看他们这样盛大的世纪婚礼?女人说:"恋爱是男人俘获女人,结婚是女人俘获男人。刘嘉玲这么好强的人,不可能放过这个庆功宴的机会!"男人说:"没有什么感觉,那是他们自己的事情。"还有很多年轻人,称他们老梁和老刘,觉得那个婚,好像因为"老"而结得不该;也有网络翌日就曝光42岁新娘有些吓人的素面照,沧桑容颜和婚礼上的水嫩光鲜真的判若两人;还有媒体,连参加婚礼的林青霞都不放过,用了这样的注解:林青霞也老了……

突然觉得悲哀。岁月总是无情的，但是承载岁月的生命没有罪过。美人或俊男的迟暮，自然也不是一种错。如果一定要顶真，至少，他们的青春和美貌，还赏了无数人的心悦了无数人的目，有一天老去，应该得到比平庸之辈更多的担待。

所以，就算忍不住为张曼玉黯然，很多人还是发自内心想祝福刘嘉玲。我猜在走过无数条电影节红毯之后，漫步在婚礼的红毯上，她的心情一定无比喜悦，因为身边的男人如此笃定地说过，她是自己的最爱。终于，这一次，是人生，不是戏！

没有公平，只有运气！当我们以漠然的姿态冷眼旁观娱乐圈不胜枚举的大婚时，唯独这一次，将眼光久久逗留在不丹湛蓝天空下那对芳华已逝的中年男女身上，有一点点湿润，因为，心里有一小块地方被打动了。

这一刻，我接到闺蜜何娅的电话，她听完我的感慨，说："我欣赏忠于自己内心的人，刘嘉玲算一个。我们都要努力这样做。"

李安真好

我记得曾经写过一篇关于李安和他的电影《断背山》的博客,标题用的是——"因为《断背山》,爱上同性恋"。当时有朋友觉得我很夸张,而在我看来,同性也好、异性也好,所有的爱情都是一样的!

就像当初看《断背山》,我为之深深动容的,其实正是恩尼斯和杰克两人的感情。李安的影像,想表现的也许只是一段感情本身。

写完那篇博客的四个月之后,我第一次在上海见到李安,他来拍《色·戒》,也是第一次捧场上海国际电影节。再过了一年多,《色·戒》很火!我则在一大堆书中,挑出了他简体版的自传《十年一觉电影梦》,想仔细再读一遍。

我曾这样描述过眼前这个中年男人——神情一成不

变的安静中带着笃定，嘴角挂着笑意。

几乎所有人都喜欢把"温文儒雅"这个词套在李安身上，甚至，那个词几乎为他而造。因为那一口台湾腔，令他的口气永远显得悠然而温和。"不晓得讲什么好！"经常，他会腼腆地嗫嚅着，声音越来越轻，像是自言自语。可能，生活中的他一直是木讷的，不善于表达，于是，所有内心的隐秘和激情都被他寄托于电影中……

更早的时候，我们这个小圈子里有传言，说某个年纪不小的女记者，一直未嫁，因为看不上周围歪瓜裂枣的男人，也不知道自己到底喜欢什么类型的人做丈夫。直到有一天她见到李安，才豁然开朗，觉得眼前这位先生，成就了她对男人所有的期待和念想。搞得身边的闺蜜们更加担心——这岂不是彻底没戏了！她知不知道，李安可是说过："我和太太一起经历了很多吃苦的日子，所以，就算我名气大过天，也不会和她离婚。"这句话是采访时他说过的，我还特意写进稿子。

再读《十年一觉电影梦》，看见一段话，一时心酸又感怀。那是李安终于得到机会拍第一部电影《推手》，从美国回台北第一次参加金马奖颁奖典礼。有一天，徐枫请吃饭，陈凯歌、王家卫、张国荣等人都在座，就是这次，李安因不能和太太一起在饭桌上分享，而伤感无比——"那些菜真好吃，我一想到远在美国的太太不能同享，心里面很难过，就跟旁边的王家卫说了说……"这样一个男人，生活中实在很少见了,尤其是他不仅相貌堂堂,而且才华横溢,又热爱艺术。

年长之后,不得不相信父母最看中男人的家庭背景和教养确实重要。

李安的父亲一直做校长,对他这个长子是严厉又疼爱的。看他早年拍摄的"父亲三部曲"——《推手》《喜宴》《饮食男女》,就知道父亲对他的一生影响有多大。那一代的知识分子,都希望孩子一心念书,搞艺术很有点不务正业的感觉。所以,杨德昌就算出名得奖了,他妈妈还是会说:你今年几岁啦,拍了几部电影,可以找正经事做啦!李安的父亲也会讲:小安,等你拍到五十岁,应该可以得到奥斯卡,到时候就退休去教书吧!所谓物以类聚,李安后来娶的太太,也是关注科学不在乎名利,所以丈夫拿了"金熊奖"电话报喜时,太太却因为清晨被吵醒而不爽——李安:我们拿金熊奖了!太太:哦!李安:跟大陆一起拿!太太:没有别国参加吗?李安:有,有。

这段真实的对话,常被我们拿来当一个经典的段子来说!这样的女人,也是少见的!

人说看一个男人怎样,去看他身边有什么样的女人!我们看见的李安,这么多年来始终外表清爽眼神清澈,因为他身边(而不是背后)的女人大气而独立,有知识且有教养,所以没人在乎她长得像不像张曼玉。

不好好学习别去见姜文

那一刻,空气湿热,恍如夏季重来。

六小时之前,我在周末下班的人群中疾走,为了赶上黄昏的那场电影《太阳照常升起》;差不多 26 小时之前,我抱着采访本,站在上海太平洋喜来登酒店的一个房间里,看眼前的姜文踌躇满志地说着《太阳》。

《太阳》终于升起!走出影院的时候,我发觉自己安静许久或者说沮丧许久的心突然舒展开来,那种欢悦的感觉,很想张开双臂放肆地跑上一段——它太奔放了!对,就是这个词:奔放!我从未见过一部国产片可以拍得这么帅!

就这样精神抖擞浑身冒汗地走在街上,忍不住给姜文转场广州的博纳老板于冬发了一条短信,说自己太喜欢这部奔放的电影,而且太能看懂了。于冬立刻回复说:"老姜说多感人。"他的电影感动了我,我的感动也感动了他!这才贴近生活的本质,剥掉假模假式的面具,其实我们轻易就可以触到快乐。

挺早的时候我就写过关于姜文的一些好玩之事,比如听记者叫他"老师",他会不给面子地以一句"我没教过你"顶回去;比如看见手忙脚乱争着给他拍照的摄影记者,他会乐着指人家:"哥们儿,你镜头盖没打开!"

而我,第一次得到一个单独采访姜文的机会,是他来杭州宣传《绿茶》。那会儿的他是有名的"难弄",貌似镇定的我对他说的第一句话很孩子气——采访你之前,我看了你所有的作品,包括《芙蓉镇》。他似笑非笑——你有那么大吗?我说,有!那一次采访越到后来越开心,身边不知何时就围了一群女记者,最后干脆变成了闲聊,大家欢声笑语的,又簇拥着他合影。然后感慨——姜文真是个有人格魅力的男人,你没法不喜欢他!

真的喜欢姜文,不仅仅因为他能拍出那么生动好看的电影,还因为他那北方汉子直接又幽默的言谈举止。他现在的妻子周韵说,生活中的姜文是个单纯的人!我相信。只有单纯的人才可以找到那么直白又迅疾的镜头语言,一下子就敲中你的心房,却不带一丝沉重,可以令你在影院里毫无顾忌地笑起来,激动起来。这才是电影的精神和气质!

那天他在酒店的一个房间里接受分组采访,放下一家电视台的话筒后第一句话就是——太好了,我觉得拿着它特傻!然后掏出香烟,问一记者要了打火机,点上,终于来了感觉,开始说到纳博科夫,说到南美的魔幻现实主义,说到南斯拉夫天才导演埃米尔·库斯图里卡和美国的约翰·屈伏塔,还突然想起李商隐的《夜雨寄北》,并心血来潮吟了上两句:君问归期未有期,巴山夜雨涨秋池。

然后环顾一堆记者,问:接下去呢?大家一时慌张,目瞪口呆地看他,他手臂一挥开始像老师点名——指着一男记者:你说,后面两句是什么来着?对方汗颜无语。相信那一刻很多娱记的感觉都如同回到中学时代的语文课堂,遇到了令人心生畏惧的班主任。有几秒钟,空气有点僵,大家带着隐约紧张的情绪看着姜老师手指一转,对着一女孩,她够争气,流畅地回答——何当共剪西窗烛,却话巴山夜雨时。姜老师乐了:你看看人家姑娘学的!

忽然就想起姜文回敬看不懂《太阳》的人——那是因为你不学习!对了,你要是不爱学习,又缺乏灵气,书读得还不够多,尤其是涉及文学艺术的,那你在姜老师那里肯定不太受待见。要相信一句话:物以类聚。

一不小心被周星驰弄哭了

周星驰,很多人喜欢的明星,但不是我心仪的那类。

坦白说,某一天突然流行起《大话西游》突然冒出无限多"后现代"解读时,我其实完全没有感觉,甚至搞不懂怎么就有那么多小资对着"一万年期限"的爱情摆出一副扼腕的感慨来!

撇开那些文化人强行给周星星同学套上的深刻解读,我从影像中看到从前的他几乎都是单一的形象:相似的无厘头桥段、不变的招牌大笑,有时衣衫褴褛、有时粉饰光鲜,被他逗乐之后并没有多想,他的多数电影,属于永远行色匆匆的港人拿来放松片刻的"甜点",而他自己也许安之若素。

多年以前,我第一次见到他是在杭州,他为某个饮料代言,当时没怎么见过世面的娱记们个个摩拳擦掌,做足了功课来对付一个"喜剧之王",并预测这个从银幕上走下来的"小人物",将带来怎样的现场爆笑。结果是——没有任何惊喜!周星驰的"真人秀"非常正常,他本人甚至是腼腆的,国语也说得很烂,拗口到他自己都头大。

后来他自己做导演,从《少林足球》到《功夫》,都是超有想象力的作品,令观众惊艳。而每次出来为片子做宣传,他都是你问我答,没有爆料,也不见惊世之语。大家逐渐知道,其实,这个男人在片场的做派是非常坏脾气的。这不奇怪,艺术天分优于常人的奇才们都有个性,据说连怎么看怎么文雅的李安,在片场也会骂人呢!

彼时,香港的八卦杂志也传到内地,已经贵为"星爷"的他,居然被狗仔拍到深夜在中环骑单车,还扛着单车上下楼梯,就是背影也够让人议论一阵子!至于和女友于文凤的关系,旁观者都是雾里看花只能揣测。确实,干你何事呢!

此后,时光流转三年,他又交出一部新片《长江七号》。为了能早一天看到这部电影,我在寒冷的早晨,和众多返乡民工簇拥在一起,坐火车去另一座城市先睹为快。结果出乎意料,我和不少同行都看哭了!事先是知道情节的——周星驰扮演的民工带着儿子艰辛度日,力所不能及地供他上贵族学校,后来在工地坠楼身亡,但被捡来的外星狗狗所救,而狗狗自己耗尽电力,化成一只没有生命的布玩偶。

不知道是不是因为我老了，变得脆弱也容易感动。看见周星驰疲惫单薄的背影，他为儿子削一个烂苹果，在酷暑的夜晚打扇子；看那只大眼睛会说话的毛茸茸外星狗为了救人，终于奄奄一息闭上眼睛时，眼泪不小心掉下来……正迷惑于自己怎么就哭了，身边的男同行说：我也看哭了！原来如此，放下一颗心！

采访的时候，看见头发花白的周星驰出来，带着温和的笑容，神情间多了成长之后的宽容。他一开口就说：我是周星驰，45岁，影片的导演……他还说：我一直觉得，越简单的电影越好看。是的——Less is more! 他做到了。

结束采访的回程，在地铁上遇见一个孕妇，戴眼镜，面容清秀干净，向给她让座的乘客轻声道谢，坐定，拿出一本英文小说，在拥挤混浊的车厢读起来。突然间，我觉得自己像失聪一样，周围一片安静，盯着她，内心升起无限暖意！

人世间的父母，就是这样的啊！

鼎鼎有名的张叔平

《花样年华》中,我们忽略了张曼玉不再年轻的脸庞,醉倒在她妖娆身体衬托出繁花似锦的旗袍上;《春光乍泄》里,我们从张国荣那件黄条开襟毛衣开始,深深触摸到这个男人寂寞的心。

平凡生活里,真的很少有这样的服饰与色彩,让我们可以在多年以后记忆犹新,可以为了它的绚烂而心驰神往。一切,要感谢那个名叫张叔平的男人,因为正是他,带给我们无限美丽的想象。

热爱电影的人几乎没有人忽略过"张叔平"这个名字,当然更多时候他是和另外两个名字——杜可风、王家卫连在一起。这位被视作香港电影界首屈一指的美术鼻祖获奖无数,从香港电影金像奖到台湾电影金马奖到戛纳最佳艺术成就奖,但他极少接受媒体的采访,于是在外人眼中更抹上一层神秘色彩。

见到张叔平是盛夏七月的某个下午,上海虹桥迎宾馆一楼的咖啡厅,那会儿他正俯身仔细盯着桌上的一叠底片,没和任何人说话。我坐在他对面的沙发上观察眼前这个中年男人,眉目清秀,面色白皙,尤其是那双握着底片的手,细腻、修长,近乎苍白——正与一个出色的美术师之手相吻合。

我说,来采访您之前我的心情有些忐忑,因为您似乎一直不爱跟记者打交道。他很温和地看着我笑,神情中带点无奈的懈怠感。他的国语还算流利,语速很慢,常常一个话题说到一半会跳开去,或者因受到现场某个人或声音的干扰而停顿,这时他就会笑着问:"刚才我们说到哪儿了?"然后抽出手边的"沙龙"点上,幽幽地吸上一口。

"您的名字总让人跟'华丽''优雅'之类的词产生联想。"张叔平很吃惊:"为什么?我以为人家听到这个名字会以为是个老头。"我说没想到他这么年轻,他很文雅地说"谢谢",然后感叹:"老了,50岁了。""听说您是上海人?"他摇手:"那是他们乱说,我爸爸是无锡人,妈妈是苏州人。"

眼前的张叔平真的很坦白,完全没有戒心,话题一旦打开,气氛便变得无比轻松。

想象中14岁的张叔平应该是一个瘦削白净的少年,寡言而充满幻想。那是1967年的香港,一切氛围都不像现在这般新潮、明朗。那一年，张叔平看了平生第一部让自己沉思的电影，并坚定地认为这一生会与电影结缘。

"当时看了一部电影叫《毕业生》，看完后心里很忧郁，不舒服，就像失恋了一样。等了一个礼拜我都不知道是怎么回事，于是又去看了一遍，然后觉得完了。它跟我们平常看的电影不一样，以前我们小孩子都是看詹姆斯·邦德那样的电影，很随便、很好玩，而《毕业生》讲故事的方法跟平常不一样。那时有很多严肃的影评和分析，我也就此喜欢上电影，看美国的、欧洲的各类影片，每个礼拜要看四五部。"

17岁那年，张叔平离家出走。回忆那段经历，他脸上有释然的笑意。"我爸爸很厉害，那时如果晚上超过12点不回家，他就会把门铃关掉，怎么按都不响；他不喜欢我的朋友到家里来；而品行报告上老师未必很认真的打分也常令我挨打⋯⋯"再后来，父母离异，正处于反叛年龄的张叔平决定离开。先住在朋友家，慢慢找到了工作，在服装厂做过设计，也给一些影片做过副导演——张叔平开始接近梦想。

给导演唐书璇做副导演的时候，张叔平萌生了去国外读电影的念头，虽然他自己觉得并没有这个需要，因为"你做一部电影就知道整个过程了"，但那种环境吸引了他。不过传统的父亲很不乐意，好在当年答应过前妻，儿子想念书的话一定要让他念，但父亲告诫张叔平，千万别对亲戚说是去学电影,"爸爸认为那算什么玩意儿!他觉得很丢脸。"

至今张叔平都固执地认为,电影其实没有理论可讲!"在加拿大念了三年电影,念完了也觉得没用。什么理论,每个理论都可以打破!你不觉得其实没有理论?一部电影你从头讲也可以,从中间讲也可以,全是碎片也行,只要好看。"

三年后的香港早就物是人非,很多人都不认识张叔平,接下来的一年他都没有找到工作。第二年去了一家美国品牌的服装公司,年轻的他整日做着40岁女人的衣服,"很闷的"。然后,有了转机——导演谭家明找到他。

张叔平真正意义上的美术设计就此起步,他还记得那部片子的主角是林青霞。"我觉得非常有把握,没有怕的东西。那次我做得特别过分,墙壁是蓝的,女人穿的是红的,林青霞又很漂亮,像广告一样,真是头脑简单(轻笑)!因为谭家明很喜欢戈达尔,而戈达尔非常喜欢红蓝白的色调。"于是,那样的浓烈让人们记住了张叔平,这跟他当初步入电影圈抱定的想法一致——第一次做表现多一点,人家就会留意你。

从《旺角卡门》开始,王家卫的每一部电影都有张叔平的帮衬,到《花样年华》这里可谓达到极致,所有人都为张曼玉缭乱而妖娆的旗袍倾倒,但张叔平对于夸赞淡淡地笑:"那些衣服美吗?我原本的意图是想俗气一点的。

我不觉得漂亮,花花绿绿的,不是有品位的,因为苏丽珍只是个秘书;至于《春光乍泄》,那里面的衣服其实很烂的,都是旧旧的;《东邪西毒》是古时候的故事,侠士不可能每天梳头熨衣服,所以穿的也很破……我觉得看一部电影的美术要从总体看,灯光、摄影、构图,不能分开。"

我请他评价一下自己的风格,他马上反问:"有吗?我觉得是因为他们知道是我做的才说我的风格怎样怎样,如果没有名字,你看不看得出来是我做的?我的每一部戏都不会重复,用过的颜色、质感都会尽量避免。每部戏我都希望能创造一个全新的世界,都把它当作第一部去做。"

那么灵感呢?"我先要知道做一部什么电影,然后会跑来跑去看一些东西,可能从一双鞋、一只皮包、一只碗、一棵树或一面墙壁就此引申开去,慢慢地放大了。"一直这样做下去,张叔平说希望不会有灵感枯竭的那天。

眼前的张叔平说话时常常给人"可有可无"的随意性,很少坚持,可从前他绝不是这样的。那时年轻的他在创作上坚持得让人难以置信。"我平常对吃什么穿什么去哪儿无所谓,但做事比较坚持,我要那个东西无论怎样都要出现,所以会想尽办法弄到,比如为了一种布的颜色,我会在家染好多遍。那时的想法是导演要什么,我一定给他更多,不允许别人批评我一句,不能有一点差错。"

张叔平说了一件令他印象很深的事:"有一次我去片

场,看见女演员将我设计好的造型改变了一点,她竟然在额头上戴了一个钻石链子,很恶俗,而角色本身是个气质很好的女人。我当时就很生气,告诉导演不干了,任他们怎么说也不回头。他们说给我定金,我也不要。既然你不喜欢,也不要给我钱!"设计好的东西不能改一丝一毫,张叔平承认,二十年前的自己个性强得不得了,现在则慢慢在变,以后?"不知道会不会再变回去。"

这样的个性,令人猜想他在生活上也力求完美,穿衣打扮同样会很讲究。不料他却说,为影片做了那么多衣服,其实生活中最讨厌 shopping。"你看我身上这件外套,朋友送的,穿了三年,T恤是用人在 supermarket 买的,鞋子也是穿破了再买。参加晚会?我有一套黑色西装。"他说自己最爱吃,中国菜、意大利菜都是美味佳肴。最怕的也有,就是坐飞机。所以不工作的日子他多半坐在家中喝茶、看书,不爱讲话。

一个绕不开的话题,自然是王家卫。张叔平和王家卫合作他的第一部电影时,两人已是相交7年的朋友了,几乎天天泡在一起聊电影。"我们一直有个目标,就是想做没做过的事,现在还是这么想。所以有一天他说要拍戏,我们一拍即合,因为彼此间很信任,无需过多的商量,沟通很好。"然后,张叔平也在不知不觉间感染了王家卫式的"随意"。

"拍《阿飞正传》很幸运,想要的服装、道具都找得很顺利。到《重庆森林》时我开始换一种方式,下午拍戏我上午才去随意买些衣服,回来一试也不错。有时看中了冲茶水阿姨的粉红手套,有时觉得商厦服务员身上的T恤蛮好。我常让工作人员买东西,反正到时候在影片中一定能用上。后来我觉得,创作是很奇怪的东西,哪有两个月前就设计好了的?其实王家卫并不是像外界说的那样拍戏没有剧本,当天要拍的戏当天会有剧本的。"

至于张叔平身边那些令我们满怀艳羡的大明星们,在他眼中似乎全都平凡得很。对于我的好奇,他回应的口气依旧淡淡的,并且露出很宽容的笑,这倒让我有些难为情。"张曼玉、梁朝伟、张国荣、梁家辉……他们都是我熟悉的朋友,生活和工作中都没有什么特别的地方。唯一麻烦的是跟他们出去,他们常常会被人围住,那时我就躲得远一点喽!"

"无线四虎"忽而二十年

"朋友是我们的镜子,我们的记忆;我们对他们一无所求,只是希望他们时时擦亮这面镜子,让我们可以从中看看自己……"米兰·昆德拉在《身份》中借男主人公让·马克之口阐述"友谊",但昆德拉也让他表达出对友谊的困惑,甚至怀疑现实中友谊存在的必要。

我是在飞机上看的这本书,记住了这句话。然后,很快地,因为采访刚刚杀青的电影《兄弟》,见证了四个男人的友谊!

"在你身边/谁是好人/谁是坏人/不要相信任何人/包括你的兄弟"——《兄弟》的预告片中,几行字如此凌厉地撞入眼帘,听起来好像很残酷。那天的香港阴雨,出现在发布会上的主创阵容十分豪华,刘德华、苗侨伟、黄日华、汤镇业、陈奕迅、王志文、林家栋……除了饰演"大反派"的汤镇业一身浅蓝色，其余人清一色的黑！当天最耀眼的话题就是昔日的"无线五虎将"，不过独缺梁朝伟。

媒体中太多记者是看着"五虎将"的电视剧长大的，那天，当年的"杨康""靖哥哥""杨过"，都成为大家追逐的偶像。在《兄弟》中扮演苗侨伟弟弟的陈奕迅一个劲儿表达自己受宠若惊的心情，尤其是对苗侨伟，"他是我小时候的偶像，那时候看他演的杨康，还有楚留香，哇，真的就是——风流倜傥……"对面的一班记者跟着唏嘘：是呀是呀，我那时候多喜欢杨康啊，买地摊上的黑白照片，还有贴纸，他和穆念慈的！哈哈，亦正亦邪的杨康，帅得要命！

这是我第一次看见苗侨伟，多年以后，那个白衣飘飘的翩翩公子，依旧俊朗，不过比年少时更加清瘦而有魅力。他坐在我对面，多半时候，一脸沉静的微笑，侧头看着身边的"弟弟"陈奕迅侃侃而谈，并不多话。生活中的他，原来比荧屏上的"杨公子"更文雅。

我想起小时候自己也是那么迷恋杨康的，迷到可以整段整段背诵杨康临死前对穆念慈说的台词。那一刻，我很想告诉他，你应该多拍戏呀，让我们多点机会看见你。不过，我终于换了一句话，问他是不是不再要得很多？他笑，赶紧解释：我一直处于随时待命的状态，我的心还是年轻人，并不打算退休。

然后，华仔进来，再然后，是黄日华和汤镇业。大家都习惯说"我们小时候在一起时……在片场像玩一样……现在工作起来成熟很多……"不同的是,工作狂华仔成为他们的"老板",几位"哥哥"说到他更多的是带着"埋怨"的疼爱——他太忙了,在这一行付出太多了。所以,他"贵为天王"。

那一天,我看见现场的华仔很"大哥"地招呼着一班"兄弟",每次合影,他都退到最边上,关于电影的话题,他习惯性地转到"兄弟"们身上。四个二十年前一起进艺员班一起出道一起打拼的伙伴,都变成了成熟的大男人。岁月将沧桑或多或少留在他们的眉梢眼角,他们不是浑然不觉,却依旧在相聚的一刻可以酣畅地大笑,恍若时光倒流,不在乎泄露儿时稚气。

他们面对记者,都遭遇了关于"友情"的话题:华仔有些悲观,觉得只有自己最可信,当然还有身边的"儿虎",但也不是全然可信;苗侨伟认为有共同的爱好才能维系友情;黄日华说在电影里谈友情远比生活中容易;从商的汤镇业更现实,觉得没有利害关系才可以谈论兄弟情义……

他们带着不同的认知,进入一部诠释兄弟情仇的黑帮大片,这对他们来说,实在太驾轻就熟。至于现世,华仔如此理解"兄弟"的含义——兄弟不分你我,朋友无需承诺!而我们外人,看见的是他们开怀的笑脸和言辞间不经意的帮衬和体恤。这就足够!

被亏欠的古天乐

那么多明星里面,古天乐是不应该被漏掉的!

是古天乐、吴彦祖、刘青云主演《窃听风云》的时候,一次宣传活动,小群访古天乐和吴彦祖,在一个影院的黄金厅(就是有那种可以躺着看电影的沙发座)进行,一屋子女记者叽叽喳喳兴奋不已,有限的几个男记者讪讪笑着退到最后,自觉地成全犯了花痴病的姑娘们。

那天我刚巧坐在第一排的大沙发上研究可以躺倒的机关,古天乐就进来了,看见沙发他也觉得非常好奇,迎面靠近跟着我一起看那个神奇的按钮,并说自己从来没有在如此豪华的影厅看过电影。

从古天乐主演电视剧《神雕侠侣》里唇红齿白的杨过开始,到现在完全小麦肤色的型男形象,每一部戏,我都没有错过。这些年他主演影片的各种采访活动,也不知参加过多少次了。而真正关起门来一对一的正经专访，是在上海他宣传新片《保持通话》期间。

进屋之前，片方的宣传特意出来打招呼说，他今天有点紧张啊！我觉得好笑，哪有明星怕记者的道理！宣传人员说是真的，他还是担心自己讲不好国语被批。进去一个偌大的屋子，看见古天乐坐在沙发上，周围散坐着五六个人，都是他的随行，像是帮他助阵。他腼腆地笑，很少有38岁的男人，依旧可以笑得这般单纯，而他的脸，简直——干净得如初秋的庄稼一般。

多年以前，第一次采访古天乐，问他拍戏对他意味着什么，他嗫嚅着说：挣钱咯！当时惊讶香港艺人真是率真。多年以后，同样的问题，他笑着回答：演戏是我的生命。然后幽默地补充——有生命才能挣钱呀！

很多人应该对古天乐主演的《神雕侠侣》和《寻秦记》等电视剧印象深刻，但此后，我们基本不可能再在荧屏上看见他的长篇剧集了，因为曾经充满病痛的经历，令他不堪回首。也是在拍摄《寻秦记》期间，他得了严重的肝病，差点让他放弃演艺生涯，"那个时候每天打三四次针，我以为要死掉了。连命都保不住了，还演什么戏呀？"那段日子落下的病根，令他决定再也不拍剧集了。

可以在不同的阶段，变成不同性格的人，体验不同的人生！这是演电影对古天乐最有吸引力的地方。可是，演了那么多电影，他却很少有缘奖项。原本以为他听到这个话题会尴尬，不料他表情淡定，真不是假装，只是平静地说："那不是我想要就有的。充实自己，向学习别人，积累经验……你说的这些，我都在做。"

他有自己欣赏的内地电影人，发自内心地直言太喜欢姜文了，姜文的每一部戏都看过，在他心目中，姜文拍的电影都是大片！最喜欢《鬼子来了》，还有《太阳照常升起》。他甚至追看所有关于姜文的访问……虽然两人不曾谋面，但他毫不掩饰自己希望有一天与这位天才导演合作的念头。

而他的死党，大家都知道刘青云绝对算一个。因为刘青云除了演技很好，还对太太那么好。对多年来基本没什么绯闻的古天乐而言，刘青云那样的婚姻才堪称美满。他一直说自己最在乎的是家人，这样一个传统的男人，不知道哪个走运的女人有命与他厮守终身！

自那以后，转眼十年，其间他又拍了四十多部电影，终于，凭《杀破狼·贪狼》拿到了第37届香港电影金像奖影帝殊荣。在台上，他从获得终身成就奖的楚原手上领奖，想到很久以前在TVB拍戏时问过这个长辈：怎么去做一个好演员？对方说：每一场戏每一句台词都不放弃。

他其实无需庆幸，因为自己从来就不是一个轻言放弃的人。

不说拜拜就不算分手

不知道郑秀文和许志安当年分手的时候,有没有很正式地说过"拜拜"。不管怎么说,看到两人复合的消息,唯一的感觉就是——多好啊!跟同行说起这件事,大家也是一样的感慨。我和台北一个跟 Sammi 交好的姐姐说,她也替他们高兴。再看看网友评论,同样多数是祝福。

这几乎是众望所归!重修旧好、破镜重圆,什么时候变得如此珍贵,变得备受祝福?经济萧条的年代,人们都变得脆弱了、怀旧了、不愿折腾了、懂得珍惜了吗?

古诗说:"茕茕白兔,东走西顾,衣不如新,人不如故。"可是现实中,对于多数分手的恋人,尤其是女人来说,即便人不如故,也多半喜欢往前走。总是回头,怎么能看见前方的风景?倒是男人比较念旧,在内心也更软弱一些，不过是无情的时候，表现得比女人更张扬罢了。

不管怎么说，花费二十年的时间来谈一段爱情，是一件不容易的事情，其间的分分合合太正常了，就算在那段漫长的岁月中有机会修成正果，也难保不遭遇七年之痒或者闹个离婚什么的。听到这个消息的时候，我刚刚读完伊恩·麦克尤恩的《在切瑟尔海滩上》。小说快结尾的时候，作者在点评男女主人公无可奈何的爱情结局时有段话极为精辟："爱情加上耐心——如果这两样他能同时拥有，那该多好——就一定能让他们俩跨过这个坎儿……整个人生轨迹就是这样改变的……"

看看媒体煞费苦心收集整理的两人情事记录，Sammi 和安仔似乎都不是特别专心的忠诚男女，尤其是 Sammi，绯闻可真不少呢。可是，当初两人宣布分手，遭遇情伤的 Sammi 分明一蹶不振到不仅事业大滑坡且健康亮起红灯，并就此隐退三年。失恋能失到那么悲情的份上，在演艺圈子里也是少见的。所以，之后每一次见到 Sammi，大家都习惯问她的感情，她总是表现得恨嫁心切。直到 2008 年底在北京采访她，再度谈及感情时，她似乎从容多了，项间的十字架以及她频频说起的"有了信仰"的状态，让她显得既超脱又无奈。

再后来，他们的死党张卫健终于结婚了。艺人多半比普通百姓感情丰沛，也更性情率真，见到别人也是几经周折最后喜结良缘，难免推己及人感时伤怀，加上一班好友的苦心撮合，一段牵绊多年却不忍彻底斩断的感情终于死灰复燃。安仔曾说过："感情是日积月累而来的，最重要的是没钱吃盒饭也觉珍贵。"他也从不避讳，Sammi在他心中早已如同家人。其实，不管一段爱情走了多远，最完满的结局都是视对方如家人般温暖，没有激情，只有体恤和担待。想必，Sammi和安仔之间，始终具备走到一起的基础。

二十年了，如果还能在同一条路上并肩前行，真是难得。毕竟，爱，总比不爱好，即使很纠结。祝福他们！

爱人同志

他们两个人站在一起,一个纤瘦一个高大,一个安静一个健谈,一个神色淡然一个眉眼生动——对于编剧廖一梅和导演孟京辉这对夫妻,不知为什么,很难用"伉俪"这样的字眼去形容,似乎会显得俗气。

他们两个人不爱在媒体面前合影,也不爱一起接受采访,尤其是廖一梅,抗拒"孟京辉妻子"这样的称呼。有点倔强的摩羯座女人,内心火热外表冷漠,有深入骨髓的悲观,表达却并不哀怨。

第一次见到廖一梅,是去北京蜂巢剧场看孟京辉的先锋戏剧《爱比死更冷酷》。11月的京城,朔风乍起,她一身黑色,短发的刘海挑染了扎眼的李子红,身边的女友也是一身黑,头裹黑色大围巾,让人忍不住多看几眼,是刘索拉。三天后,再奔去蜂巢看《恋爱的犀牛》第200场演出。谢幕时分,廖一梅被孟京辉请出来为"犀牛"点蜡烛过生日,她上台微笑,下面捧场的有素面的高圆圆,也曾主演过他俩的戏。

这两口子的状态,让人想到罗大佑的那首歌——《爱人同志》。摩羯女和金牛男,绝佳的工作拍档;还能过成一家,生一个可爱的儿子,多么让人羡慕。我们在杭州重逢,坐在大剧院没有冷气的会客厅聊天,孟京辉很高兴这一次的焦点转到了妻子身上。

我说,咱们来说说爱情,还有婚姻。孟京辉坐在妻子身边扮鬼脸,一边开玩笑道:"她是生命不息,恋爱不止。"其实,他暗指《恋爱的犀牛》可以一火十年,语气中显然有小小的得意。

爱情,这是廖一梅擅长的话题。"爱情是生命中最重要的东西,爱情是功课,它教会我很多东西!爱情是我写作的一个出口。每个人都有自己所爱的人,对待爱人的方式,就是他对待世界的方式。"很喜欢廖一梅的直接。想起十年前写着"犀牛"的她,就喜欢引用疑似杜拉斯的那句话:"爱情之于我,不是肌肤之亲,不是一蔬一饭,它是一种不死的欲望,是疲惫生活中的英雄梦想。"其实原文后面还有一句:But my dream, is to be with you until we are old to die(而我的梦想,就是与你白头而死)。

看过廖一梅的小说《悲观主义的花朵》,心有戚戚焉。她说过自己迷恋的爱情,是那种痛苦的,因为"它是使我成长的最重要的力量"。那本小说里的摩羯座女人,感情果然纠结得很,却真实得让人只剩叹息。曾有一阵子,廖一梅被洪晃拉去做电视访谈节目,就是坐在台上接听场外观众的电话,解答关于爱情的难题。这是她首次做这样的尝试,结果很失望,几乎无法完成对话。因为对她来说,诸如"我爱他可对方没钱、我们经常吵架她嫌我没本事、到底怎样从第三者的泥沼中抽身"之类的话题,根本与爱情是两回事,那些不过是如何应对生活的技巧!所以她说:"如果你希望爱情关系给你带来幸福,那你一定会失望。你可能会得到一时的满足、欣喜、虚荣心、安全感、某种保障,但这些都不是爱情。要分辨这个,需要更多的自省,对自己和他人的尖刻。多数人以为是在表达自己的感情,其实所说的不过是他的需求,他的企图,和别人不能满足他的需求产生的难过和愤怒。如果你是不幸福的,充满矛盾和缺憾的,爱情关系,只能让你更充分地意识到这一点,带来更多的矛盾和缺憾。"这话很酷!

廖一梅说,再也写不出《恋爱的犀牛》那样的剧本了,它是自己青春结束的句号。孟京辉还记得当初看到剧本时,直觉是那种感情太浓烈了,完全抵挡不住!"她好像拿着一把语言之剑,我担心别伤着我了,呵呵。"他直言不讳自己特别崇拜廖一梅。在孟京辉眼里,"犀牛"说是讲爱情,但也不是爱情。因为除了爱,爱边上的气氛和能量,才是最重要的。剧中的马路和明明,其实永远无法交融在一个点上,那是一段错爱,这样的爱情,充满激情和痛苦,可这才带劲,这才够high。

一部"犀牛",让新婚的孟京辉和廖一梅在婚姻中款款而行,但他们和影视圈的明星夫妻不同,他们从来不晒幸福,虽然也合作,但并不非要捆绑为搭档。工作中的默契如水到渠成,婚姻中的感情也是明智的。廖一梅说,婚姻跟爱一样,好的婚姻可以呈现一个人好的一面,坏的婚姻可以呈现一个人坏的一面。两人貌似安然的婚姻早已过了七年之痒的危机,孟京辉很幸运,因为妻子始终保持自省和敏感的状态,"人必须一直保持敏感,麻木不是好状态。就好像你如果不是特别爱一个人,也便没有什么痛苦可言,当然也体会不到爱的快乐。"而廖一梅的幸运在于,丈夫始终是"宽的,厚的,是生命中好的那一面",可以抚慰她不安躁动的心灵。

不甘于平庸!于生活或工作都是。廖一梅直言自己不爱做饭,也并不觉得女人、妻子、母亲就非要烧得一手好菜。所以,她在《琥珀》中写出了"大众审美是臭狗屎"这么张狂的台词来,而孟京辉也敢于在电视访谈中公然附和。当然,熟悉他的人都记得,多年前他还很愤青的时候,就这样"叫骂"过。

申明一点,所谓"大众",他们并无意指向多数人,不过是那些审美趣味恶俗的人。

不做大哥很多年

高大挺拔、中气十足,眉头习惯性地蹙着,眼神依旧锐利——狄龙走进来的那一刻,时光仿佛倒流到1987年《英雄本色》的江湖。

"我没当大哥很久了!"不用身边的人提醒,狄龙主动抢过那句最经典的台词!真的如此,他的彬彬有礼,他的出口成章,他的笃定平和,俨然一位历经风雨、万事看开的慈祥长者,但是,人们依旧怀念当年他做大哥的年代!

狄龙与陌生人之间,有一种恰到好处的距离感。做他的专访,更惊讶于他深厚的古文功底和通透的人生哲理。

眼前这个男人,有种历久弥新的魅力。

"演了《英雄本色》之后,对我的生活有很大影响,我成了偶像,但是黑道中人!到哪里都有人请咖啡、啤酒,害我不敢出去！也有警察朋友，看他们的眼神就知道——你该死，那么多人跟你学坏！"也许正因如此，狄龙选择了"不做大哥"。他是如此性情中人，可以自然而然背起那句台词："杰仔，我错了，但是你不要跟着我！"他说就是想给年轻人一个交代，所以决定远离这些角色。

别人怀念"大哥"，狄龙毫无眷恋。他说喜欢现在这个年代！那些过往风光，于他有些失真，因为那是占有，不是享有。"我现在的生活很平淡，人生要有留白，对工作也是顺其自然。皓如日月也难永悬天空！要学会优雅地下楼梯！"

这个年代的男人，有多少会跟狄龙一样，觉得男人过了四十，家庭最重要，有家就有归属感。"所谓树高千丈，落叶归根！"在他眼中，男人身上最宝贵的品质是承诺和朝气！生活中的他，习惯将太太带在身边，因为他知道，荒唐的青春过后，责任和相濡以沫的情分才最宝贵。

那一刻，我才明白，不做大哥很多年之后，我们依旧那么惦记他。

有一种婉转叫费玉清

还是第一次从机场出来,直接背着行李就去看一个人的演唱会。

这个人是费玉清。

其实我算不上是他的歌迷,但每次听到他的歌,都忍不住停下来,心中诧异竟然会有这样的男人,把一首歌可以唱得如此千回百转,悠扬动人。他的歌按照从前的说法,是典型的靡靡之音,跟邓丽君很有些相似。听他唱歌的时候,我常常会忍不住感慨:靡靡之音真是好听呀!

我知道很多人喜欢费玉清的歌,尤其是上了年纪的人,男女都有。除了喜欢他的声音,是不是还有怀旧的情绪饱含其中呢?

那天从北京回来的飞机晚点半小时,赶到演唱会现场时,黄龙体育馆内的灯光刚刚暗下。费玉清此时正款款走出,步履几乎是轻盈的。面前,一张爵士舞厅的高脚小圆桌上,玻璃杯,盛着纯净水,一块交叠方正的雪白手帕,一沓纸张。这个被唤作"小哥"的中年男人,以不变的西装登台,雪白的衬衣领子下,结了暗红色领带。这身打扮,也是怀旧的。

我身边坐着一对六十左右的夫妻,老先生一脸笑意架着二郎腿,老太太则忘乎所以地像年轻孩子一般欢叫着。他们旁边是一个五十多岁的妇人,不时跟着小哥哼唱出很大的声音……场内没有海洋一般的荧光棒,但是你若担心气氛不够热烈,那真是多余。小哥的串场词和歌唱,每一次都能得到热烈的回应。

"让你们破费了!"他如此感谢到场来看演出的观众。温文儒雅、彬彬有礼,让人一下子就被打动了。他像来自另一个世界的文雅绅士,举手投足间带着某些怪异的柔软姿态,却因笑容可掬令人感觉温暖。

他唱了很多风格的歌,华尔兹、探戈、恰恰,不同的旋律,渲染着不同的心境。凤飞飞、刘文正、林青霞、秦祥林、琼瑶……这些名字被他轻轻唤起,我们的记忆似乎真的被拉回到《昨夜星辰》和《梅花三弄》的年代。望着场内多数不太年轻的面孔,想着那些久远的人、歌声和影像,也是依稀存于我的记忆中的。我也老了吗?

那么多人赶来听小哥的演唱会,其实真是为了生命中的某段记忆而去,欢笑或悲伤之间,可曾唏嘘岁月的无情？不久前刚看了张曼玉的一个访问，她谈到女人的年纪这个话题时说："亚洲人才比较介意老这个事情。我小时候在英国长大，然后在巴黎生活了十年，那里的人没有这种观念。为什么非要年轻、没有皱纹才是美呢？人不是一定要美，美不是一切，它很浪费人生。美要加上滋味，加上开心，加上别的东西，才是人生的美满。"

我的女友把这段话转发在微博上，接着有很多女人相互转发。是觉得张曼玉说得很好呢，还是从这个铂金女人如此睿智的见地中得到了勇气和信心？其实，男女没有什么不同，人们对时间的惧怕，总是盈于内心深处。可是，有时候只有岁月的堆积，才能赐予我们那么深厚的情感、富足的回忆、百味的体验。就好像听小哥的老情歌，如果你不够"老"，又怎么能跟着他一起触摸当年的花开心事？

就这样安慰自己吧！美不是一切，年轻也不是一切，有滋味和快乐的人生，才能奏出美妙乐声。

我们叫他于大冬

认识于冬很多年,快二十年了吧!

2000年左右,于冬就跟国内媒体我们这群电影记者关系很好,他又是一个有情有义的人,那时建立的友情,延续至今。

我属于硕果仅存即便当了主任仍然舍不得离开一线采访的电影记者,每次在博纳出品的电影主场相遇,于冬都会很感慨地说:韩小蓓,嗯,你真是敬业,还在跑电影啊!

我也不知道为什么,那么喜欢电影记者这个职业。曾经盼望,可以像国外的资深电影记者一样,真的做到老。只可惜,还是没能坚守到最后。纸媒江河日下的颓势令人猝不及防,我当年并肩战斗的同行,基本都改行做了与电影有关的行当。而于冬,则成为电影界的大佬级人物。

　　这些年来，于冬事业上的成就有目共睹，轮不到我来罗列。对于我们这些相识已久的朋友来说，他只是从"于小冬"变成了"于大冬"，敬业未变，情怀依旧。

　　那个年代，我们流行把单名的名字中间加个"小"，显得很亲密很像同学的样子。他们叫我韩小蓓。我们叫他于小冬。

　　有一次，上海一个文笔极好的才女叫我写一篇关于于冬的文章，不知道作何用，最后也不知有没有用。那篇文章里，我竟然写了很多与喝酒有关的片花。对，也就只能算是片花。

　　为什么说起于冬会先想起喝酒这件事呢？我也不知道。反正除了官方场合见他西装笔挺站在台上侃侃而谈之外，那些年在饭桌上遇见，他老是过来跟我喝酒，要不就相约一定要找时间去丽江好好喝一下。结果很多年过去了，这个愿望总也没有实现。我那时曾一直耿耿于怀，扬言要是我退出娱记圈了他还不履行诺言，那我就不认这个摩羯座朋友了！那时我们都感觉时光不会老，而我，肯定会一直做个好记者！

　　应该是博纳投资拍摄《美人草》的那段日子，于冬组织我们去云南探班，一帮记者，晚上在昆明的创库酒吧聚会聊天喝红酒，桌子拼成一长条，喝着喝着就很 high。那之前我已经迷上了待在大理丽江无所事事的感觉。而于冬因为工作繁忙,始终没能得逞心愿,所以一直希望哪天可以像我吹嘘的那样,也过上没完没了浪费时间的逍遥日子,其中自然包括喝大酒这类节目。

当然,在云南的日子,我们可不是光喝酒了,我牢牢记住的,其实是每天在昆明文林街上的布拉格咖啡馆的台式电脑前码字儿,经常从下午写到暮色四合再到黑夜降临,狂写关于《美人草》的报道,现场的,人物专访的,一整版一整版往报社和新浪娱乐发稿。于是,每天遇见于冬,他都笑眯眯地夸我,摩羯呀,工作狂,给我们多写写啊!

那是我一生中很快乐的日子,除了这份天南海北飞来飞去的职业,还谈着一段以为可以天长地久的恋爱。

当一个人认识太久,且仍旧时常见面或联系,往往就很难想起这么多年朋友是怎么做成的。我印象中,或者讲给别人听对于冬的第一印象,是把场景放在杭州的。其实我知道,我们最早交换名片一定是在北京或上海的某个新片发布会上,但真的记不起来了。杭州那次却记忆深刻。他带着博纳发行的某部电影拷贝过来,约了我们当地的几个电影记者小聚,那时大家都还不太熟悉,好像是双休日之类的时间,结果就我一人去了。我那会儿也刚做电影记者没多久,挺高兴有个片方主动邀约,考虑到人家是客人,还特地提了盒茶叶过去,杭州产茶叶,人家大老远过来约见你,总得表示礼貌。记得于冬住望湖饭店，我先去找他，然后我们一起去南山路吃宵夜。当天的话题，自然就是电影发行。于冬跟我一样，都是一月出生的摩羯座，酷爱工作。我是后来领教了他对工作的狂热之情，搜刮了一下残存记忆，除了电影，我们到底还说过些什么呢？

有的人很奇怪，随着年龄的增长，朋友会越交越少，每个阶段还不断 pass 掉一些，剩下的，都是些非常珍惜与喜欢的。我从来没有跟于冬说过，他是我始终放在心底里的那一位、非常重要的朋友，就算以后我们不再有工作上的交集，也还是当他好朋友。不是因为他如何热爱工作，事业发展得怎样有声有色，而是那么多年来，他对待我，以及从那时一路走来的我们这批电影记者的态度，总是彬彬有礼中带着很多的友好和热情。娱乐圈太多势利的人，背信弃义或者狗眼看人低，也是分分钟的事情。正因如此，更显出于冬的朴素和真诚。

一段好的情谊，每每想起总是让人倍觉温馨。脑海中有一个场景，是在春寒料峭的北京，天空中飘着散淡的雪花，和于冬再见面的时候，我们很开心地握了手。在那天的寒冷中，触摸到一双柔软、温暖的手，停留在掌心的温度，就是我对他的感觉——有一种友情，可以温暖余生。

"剪刀手"这个人

我小时候只看过《安徒生童话》和《格林童话》,没看过英国作家刘易斯·卡罗尔的《爱丽丝漫游奇境》,所以在看蒂姆·波顿的《爱丽丝梦游仙境》之前,也完全不知道这个故事。

作为一部真人和动画交织的电影,《爱丽丝梦游仙境》并没有给我带来惊喜。去看它,完全是冲着蒂姆·波顿和约翰尼·德普。他俩是极好的拍档,我最喜欢的莫过于那部《剪刀手爱德华》。

算算时间,《剪刀手爱德华》竟然已经是德普二十多年前的作品,可是每一次想起那个顶着一头乱发、脸色惨白、眼眶泛红、一双手臂上支着两只剪刀手的爱德华,就好像我刚刚才从他修剪过的花园走出来。漫天飞雪,这个无限忧郁的男孩或者男人,在奋力雕琢着心爱的女人,那晶莹剔透的冰块，在他飞舞的剪刀手中，就好像有了灵动的生命……

爱德华的眼神，其实是德普的。因为二十多年后，我在《爱丽丝梦游仙境》里疯帽匠的眼睛中，再次与那种忧伤相遇。我猜，疯帽匠一定是爱着爱丽丝的，只可惜无缘相守，因为他们根本不属于同一个世界。疯帽匠色彩斑斓的眼睛里，已经无法装下眼泪了吧？而19岁的爱丽丝，应该也不能体会那种无望之爱的凄凉。这原本是个好玩的童话故事，却让人看得黯然神伤。

也许，只有德普才能演出这样的感觉！我喜欢这个演员，他极少接受采访，曾在仅有的几个访问里，看见德普身边的朋友说，这个男人从来不怕失败，他的选择完全凭自己的信念。他只做自己喜欢的、有感触的事。他还认为，演员的意义在于拍戏，不在于财富和名利。他甚至对着镜头说："做父亲，这是我这辈子真正做过的一件事，其他的一切都是过眼云烟。"和我们国内娱乐圈里那些隐婚、隐子的明星比，德普实在太酷了。不知道这是不是跟他以前醉心于做音乐有关，总觉得做音乐和拍电影还是不同的，一个需要本质的接近和聆听；一个则是从形式通向内里，而多数人，只停留在形式上，或者停在通向内里的途中……

曾做过几个已婚男明星的采访，媒体的问题几乎都纠结于婚姻孩子上。彼时，我和他们近在咫尺，都忍不住看了他们的手,一律的光秃秃没有任何修饰品,尤其是那枚象征婚姻的指环。虽然已婚的事实人尽皆知,他们也不会隐瞒,但遇到感情话题,还是选择能闪就闪,给出的答案,总是百转千回,让我们这帮记者煞费苦心地揣测弦外之音。

真不明白,承认爱一个人有那么难吗?环顾一下身边的人,尤其是男人,伪单身比比皆是,明明有相爱甚至同居的女友,却喜欢对别人含糊其辞,搞得很多所谓勇敢爱的女孩,一边不甘心地飞蛾扑火,一边纠结于那段暧昧情愫几时可以明了。这是什么世风!

所以,我们才会更爱德普这样的男人吧!只在乎一生中最亲密的人事,最真实的感受,什么财富名利,都是浮云掠过,不值得留恋。

像苏菲·玛索那样活着

"现在我希望的生活是多写点诗,有个美丽的房子,做很多手工艺品,不需要更多孩子了……"有多少女人一直向往过这样的生活?应该很多吧。可是,有时"向往"的意味,就在于它的不可实现。

说出这些向往的女人,贵为法国最美丽的女人。苏菲·玛索,几乎是一代中国女孩青春期的偶像。这一次去上海采访她时,听她说出这样的话来,才发现原来大家都是普通人。

苏菲·玛索不是第一次到上海,还记得有一年上海国际电影节,她第一次来沪,很多记者追到浦东机场去接机。每一次她出现,大家最关心的就是她有没有美人迟暮的迹象,然后围绕她的脸和身材做文章。这一回,摄影记者的热情照旧高过文字记者,以致接受采访时,苏菲·

玛索让他们坐下来给后面文字记者一些视野,都没人听她的。

我站在她的侧面,离她不过三步。看见她将指甲剪得很短很干净,染了肉色的指甲油,说话喜欢做手势。蓬松的栗色短发下,瘦削的小脸上确实没有明显的皱纹,不过,她真的不是从前我们在银幕上看见的那个柔软、性感、罗曼蒂克的苏菲·玛索。也许,她从来就不是影像中的那个女人,那不过是故事里虚幻的人物,与现实无关。我见到的现实中的苏菲·玛索,眼睛幽深,看不见太多的柔情,单薄挺直的脊背,给人坚韧和固执的感觉。我猜,她这样的女人也一定很有个性,比如她毫不掩饰对媒体的夸张描写表示不满——很多事媒体夸大了,我不想说什么了,在北京我一说欣赏王小帅,就被写成要跟他合作……

看得出来,她更喜欢别人跟她谈论电影,而不是夸她驻颜有术或者年龄对美女意味着什么等等,可偏偏,这些话题才是媒体感兴趣的。并且这也通用于所有上了年纪的美丽女星,张曼玉、刘嘉玲、陈冲……好像我们都问过这样的废话,就算明知道答案是一样的,还是忍不住要问。

所有时候,关于年龄的话题,对女人都是不公平的。我有个女友曾来电话抱怨,说她的男友认为她过于操劳公司的生意,看着很显老。不觉哑然失笑——他当初就是看中了这个女人的自立自信,被她的成熟和能干迷住,而不屑于小女生的娇媚与幼稚。我忍不住对她说,很多男人就是这样,二十岁时找同岁的女友,三十岁时找二十岁的女友,四十、五十、六十,甚至更老,还是喜欢找二十几岁的女孩。所以,男人不会进步。女人不同,她可以从不同年龄段的男人身上学到很多东西……

连美丽动人如苏菲·玛索,也摆脱不了他人对她年龄的疑惑——你老了,会担心吗?就算她说,时光流转对每个人都很公平,自己已经很幸运拥有美貌和名誉,并不担心年华逝去,有多少人真的相信?我只知道,她说自己"是个向前看的人,总是考虑将来比较多"这话时,更能表达她的意愿。这很积极、健康,尤其值得女人之间互勉。

祈求上天赐予我平静的心,接受不可改变的事;给我勇气,改变可以改变的事;并赐予我分辨这两者的智慧——这句话多么睿智!我们有时候说一个人变得淡定从容,似乎千帆过境洞穿世事,大概就是因为懂得了这样的道理。

新桥恋人

几天前,去上海采访朱丽叶·比诺什。从某种意义上说,比诺什于我而言,意味着一些难忘的记忆,和永不再来的青春岁月。

人这辈子,有些事好像烙印般记忆深刻。我读大学的年代,应该是文艺青年最盛行的年代。而中文系的学生,几乎无人不迷恋西方现代义学或电影。当然,文学书充斥了学校图书馆的角角落落,电影则不行,获取欣赏的途径很少。

第一次看比诺什的电影,是她演的《布拉格之恋》。此前,米兰·昆德拉的《生命中不能承受之轻》已经被不少文艺青年奉为圣经。《布拉格之恋》是从我们比较文学老师那里借来的,当时绝对属于"禁片",翻录的录像带,极为神秘地传到我们手上,期限是一个下午。我们四五个女生,其中只有一个杭州女孩家里有录像机。暑假前夕的杭州已经很热,我们骑着单车一路狂奔一小时到她家,目不转睛地看完了那部片子。第一次记住了那个脸色苍白名叫特丽莎的小女人,她表情单纯,动作笨拙,却是干净温柔的;也是第一次以女孩的情怀,迷醉于丹尼尔·戴·刘易斯沉静的眼神,发现原来一双修长嶙峋的男人的手也是充满感情的……

毕业后,我哲学系的前男友成了电影学院导演系的学生,暑假里带来了他最为推崇的《新桥恋人》。也是录像带,几个人深夜窝在当年写作老师窄小的宿舍里看。那一次,昏暗的影像中,比诺什是个患了眼疾、爱上流浪汉的富家女,以一种我那个年纪无法理解和接受的疯狂与率性挥霍爱情和生命,所以,不喜欢。

直到很多年后,我改行做电影记者,遇到一次难得的机会,去上海采访《新桥恋人》的导演——里奥·卡拉克斯。在上海影城五楼的会客室,他近在咫尺,脸色苍白,手上的烟始终没断过,也有瘦骨嶙峋的手指,微微颤抖,显露了他的神经质。那次为了做他的访问,我特地重看了《新桥恋人》,感觉和当年全然不同,很喜欢,也很感伤。

卡拉克斯是法国很特别的导演,他从不否认每拍一部电影都要爱上女主角。他的作品寥寥,后来拍不出片子,除了受资金困扰,他坦言是没有遇见可以爱的女人。而比诺什,曾和他相爱六年! 不过,拍完《新桥恋人》后,两人就分手了。据说在拍摄这部电影的三年间,因为两人都太过投入以致到了快崩溃的地步。那一次,卡拉克斯无法回避关于比诺什的问题,但他只说:她是优秀的演员。仅此而已。

又是几年之后。当比诺什在一个夜晚出现在上海影城一楼的放映厅,影迷和记者都很兴奋。我却感慨——她一定不知道,几年前,她曾经的爱人来中国上海,居然是跟她在同一个地方接受媒体采访。人世间的事情,好像都是听凭命运的操纵!

那一晚的比诺什一身黑色,神情愉悦,也很健谈,完全不似她影片中的忧郁。不知道哪一个更贴近她的本质。身边的同行听完我说关于卡拉克斯的话,突然很随意地说:这两人到底是要分手的,他们完全不同啊!那个男人是真正地活在自我世界中,而这个女人多积极入世,否则不会成就今天的自己。

当爱情来的时候,人们总是信誓旦旦认定自己找到了同类;而一旦爱情远去,所有的解释不过是借口。这是件不能深究的事情,否则人生显得多么无望而凄惶。

错过了鲍勃·迪伦

喜欢鲍勃·迪伦吗?

这个爱穿机车夹克、戴灯芯绒帽子,携一把吉他,还能吹出动听口琴的瘦削男人,是20世纪美国最有影响力的民谣歌手,并被视为60年代美国民权运动的代言人,他影响了一大批同时代和后来的音乐人,包括约翰·列侬在内。

除了音乐人的身份,他还是得过诺贝尔文学奖的诗人(2016年),尽管有人认为他的诗其实挺蹩脚,但没人否认他之所以像一面风中的旗帜,猎猎飘扬了半个世纪长盛不衰,与其创作的音乐中很多歌词寓意深刻密不可分。

他,赋予了摇滚乐以灵魂。

我第一次听见 Bob Dylan 这个名字,是从大学时代哲学系男友文子那里。那时,他是我仰慕的男生,才情横溢,桀骜不驯,疯迷摇滚,热爱西方文学,一心向往如凯鲁亚克一样上路流浪。在男生寝室辟出狭小的一隅,墙上贴着一幅美国地图,而鲍勃·迪伦的歌,常常在深夜飘向窗外——

The answer, my friend, is blowing in the wind……

多年以后,这个风中的传奇人物,竟然在中国开了两场个唱,此时他已是七十高龄。北京的演唱会,圈内很多人都去了,人们把去看迪伦的现场演出,称作是一次朝圣。很多的报道,截然不同的声音,有人激动得无语泪流,有人直言老帅哥已快曲不成调,还有很多人奇怪他简单至极的舞美。看见音乐人左小祖咒在微博上说:"迪伦的演出跟我想象的差不多,严格地说比我想象的要极端,鬼哭狼嚎,不说谢谢,不苛求掌声,充分体现了一个卓越诗人的尊严。他让我睡了四觉,他成功了!如果不是这样我会有些失望。"

两天后,我约了文子,我们一直亲如家人,想一起在上海亲眼见识迪伦的表演。结果,在演出前一小时,我接到一个久违的好友邀约。

爽约了演唱会,午夜的风中,我短信问文子,现场看见的迪伦,这位我们青春岁月中的精神偶像是怎样的。结果很意外,他回复:最后一刻在门口把票给别人了,因为突然觉得朝圣的姿态很蠢。

有些情结,让它永远搁置在心底,才恍如一种永恒。

只爱自己的女主角

法国电影《新桥恋人》,于我而言,意义非凡。

导演里奥·卡拉克斯,被称作"法国新电影三杰"(另两位是吕克·贝松和贝内克斯),一个另类又神秘的人物。2005年的4月,当他出现在上海影城的某个小会议室,几乎让我激动得心都要跳出来。Bonjour, bienvenue à shanghai(你好,欢迎来到上海)!当时已经学了些法语的我,最终也没好意思说出这句客套话,因为貌似并不合适对他说。

近在眼前的卡拉克斯,像以往在杂志或影像中看见的那样瘦小,头发蓬乱松软,坐在台上和媒体对话的近100分钟里,始终都没有正视过前方。一直低垂着眼帘的他几乎是一支接一支将香烟从手边的白色万宝路盒子里抽出来,偶尔夹着烟将脸隐在缭绕的烟雾之后。而他嶙峋苍白的手指则在不经意间泄露着主人的神经质和不安,显然,他并不适应此类场合,尤其是在一个陌生的国家,面对一群他并不关注的人。"

"我对中国电影了解得并不多,我本人很少看电影,年轻的时候还看一些片子,现在年纪越来越大了,所以看得更少。不过我听说有一部叫《铁西区》的中国电影,想看一下。"

"我的确听说过有人叫我后新浪潮电影的代表,也有很多其他的描述,我不在乎别人怎么说!新浪潮电影确实是20世纪60年代的潮流,它并非就在法国。至于人们说它是一个艺术流派,但失去了很多观众,我无所谓。"

"我觉得自己的片子既不是很法国,也非好莱坞化,我只是拍我所能拍的。我也不想过多或刻意地批评好莱坞电影,因为好莱坞也曾做过很多好片子,可能现在他们的电影没什么意思了。"

"也许我所有的电影都可以被称作男孩遇到女孩,总是这样,他遇见她,向她敞开心扉,然后两个人关系最终会结束,心扉再度关闭……"

"一部好的电影不是一种对现实的固定反映,而是一种惊异,一个人内心的感受。"

"很多人会演绎爱情这个主题,这不是我的特长。爱情的力量很伟大,它常常会驱使人们做一些违背游戏规则的事情,一旦固有的秩序被破坏,便会走向不可逆转的结局——死亡。"

"在我的电影中反映的都是我内心的恐惧、忧虑等情绪,并提出我的问题——当你失去一样东西时,你绝望的心理状态。"

"我拍的电影可能在第一时间看效益不大,有的赚钱有的不赚钱。不过不应该以短期的眼光来看,我的电影不是做好了马上放出来。第一部电影15年后才拿到美国放映,从长远看,还是有收益的。"

这些,都是卡拉克斯的原话,我也想不出来,除了记下这个难得开口一聊的导演说的,还有什么更富有营养。他从来算不上一个卖座导演,即便他在很多学电影的人心中像一个传奇,他依旧为找不到投资拍喜欢的电影而深感窘迫。而且,他不但不乐意迎合观众,也懒得伺候演员,在他看来,有很多演员像被宠坏的孩子,他需要的是那种很能吃苦的演员,这一点,参照他拍摄《新桥恋人》时不让扮演流浪女的朱丽叶·比诺什洗澡可见一斑。而且,他直言不讳,电影里的女主角都是由自己的爱人来演。

作为卡拉克斯的中国影迷,我很幸运,又在翌年初夏上海国际电影节上见到出任金爵奖评委的他。不止一次,我们在熙来攘往的影城大厅擦肩而过,他戴一顶渔夫帽,深邃的眼睛藏在咖啡色镜片后。他喜欢午后在影城对面的咖啡馆坐着,一坐就是很久。每天奔波在采访现场的我,总是忍不住追踪他的身影。有一次,看见他蹲在地上抽烟,脚边坐着一只猫。现在回忆起来,不知道是不是真的有一只猫,也许,那只是我记忆中一个假想画面。觉得他脚边,应该有只猫的。

我心里是
有过你的

PART
2

爱情里没有如果

"对李可来说，爱情是奢侈品，LV 是必需品。黄小姐这样的人呢？LV 可能是奢侈品，但爱情是生活必需品。LV 集团是不会突然就倒闭的吧？但爱情这东西是说没就没的。"同事的微博，突然用引号发了这一段话，应该是《失恋 33 天》里的台词。不过 26 岁的年轻姑娘，就常常惶恐叹息快奔三十了，独居，养猫，疼自己，看透男人的小伎俩，一副活出五十的境界来。

我看见这段话的同时，半夜看电影频道，在播陈可辛七年前的电影《如果·爱》。北京冬天，漫天飞雪，金城武年轻干净的脸，看似永远无辜的眼神；短发的周迅，瘦小的身体套在鲜红大衣中。后海的冰结得很厚了，应该是刺骨的冷，背景的音乐，是曾经熟悉到可以轻轻哼唱的……

倏忽十年！还记得影片拍摄时去上海的影视基地探班，难得出来见媒体的金城武坐在一个白色帐篷里，面对着簇拥至身边的记者们，拘谨地笑。那时的周迅，应该三十？还是小女孩的样子。

再看《如果·爱》的时候，突然忘了这些年还看过哪些印象深刻而动人的爱情电影。

陈可辛的爱情电影，一直是我的最爱。多年来一些聚会上的交谈，他算得上是让我学会最多如何将情感自处的一个导演。谁说"爱情这东西是说没就没的"，至少我没有在他的《甜蜜蜜》或《如果·爱》里看到。虽然电影中周迅爱着金城武，但为了当上明星，她一次次投向对她"事业有利"的各种人的怀抱。十年后，她和张学友是你导我演的黄金拍档兼情侣，但重逢旧爱的一刻，所有的情感都从旧日岁月奔涌而来。而十年中，金城武每一年冬天都会去他们曾经相爱的地下室小屋等她——你在哪里呢？我很想你。你是不是死了？！我恨你，你永远别回来了！好像我不再像去年那么难过了。我终于可以把你忘了……不管那小小录音机里留了什么样的言，不过都是一个痴情男人无望的自语。爱情，哪里是轻易可以忘记的。就算遭遇残忍的背叛，就算也想狠狠地报复，他还是失魂落魄地回来，将同样失魂落魄的她搂在怀里。

周星驰曾说，爱情的魅力就在于它令人伤心的部分。或许正是！想一想，你有多久没有因为爱一个人而心酸得缩成一团的感觉？为什么，很多时候我们说相见不如怀念？是甘愿享受想念一个人甜蜜的酸楚，或是痛苦的绝望吗？

　　说不清楚。我只知道，爱情这东西确实从不需要理由，但也不是轻易就能消失无影。忘了是第几次重复陈可辛的这句话：所有不能在一起的人，都是因为爱得不够。好吧，这样想的时候，如果我们真的离开某个人，会不会稍微释然——或许，也没那么爱吧！

　　今年冬天，几次去北京都下雪了，很想一个人去后海看看，一个人在湖面上滑冰，终究没去。我不知道为什么。看见周迅躺在冰上的时候才明白，人最绝望的时候，肉身是死掉的！而在冬天，我只想要温暖的感觉。

我心里是有过你的

新年里因为休了一个短短的假，竟错过了采访《一代宗师》的北京首映礼。奇怪的是，虽有小小遗憾，倒也很快释然。套用一句王家卫电影的台词——当你不能够再拥有，你唯一可以做的，就是令自己不要忘记。错过了《一代宗师》，我记忆中的王家卫，就停留在《东邪西毒》和《2046》年代，那始终是我认为最好的年代！

关于《一代宗师》，看见很多媒体的评论，显得非常两极分化。喜欢的，还是奉之为宝典；不喜欢的，说看着被催眠。我耐着性子，直到上映的第四天才去看。身边了解我的同行说，你快去看呀，这是你喜欢的风格。文艺青年都喜欢，尤其是里面的对白，还是很王家卫。好吧，关于叶问这个人，不管被拍过多少部电影，我都没太大兴趣，尤其是甄子丹版本，至今一部都没看全过。但是有梁朝伟章子怡张震就不同了,这是跟王家卫有关的,与故事无关。

我不知道王家卫是不是有"40岁"情结!影片一开始,叶问也是把40岁当成一个分界来讲——40岁以前,我的人生就是春天……想起当年的《东邪西毒》,也有一段话——"看来你的年纪也有四十出头了,这四十多年来,总有些事你是不愿再提,或是有些人你不想再见……"我老了,记性也差了,为了记住片中可能会喜欢的台词,甚至手忙脚乱拿出手机按下录音键准备着被感动。遗憾的是,开场很久了,居然都无法入戏。因为王庆祥、赵本山,乃至小沈阳的出现,尤其是他们带口音的台词,总让我忘了这是王家卫的片子。轮到伟仔、章子怡、张震时,才终于感觉归位,可刚培养起情绪,其他几位又来了。如此折腾了一个多小时,我总算等到了当年中意的王家卫的感觉。

叶问最后一次和宫二见面,人对了,景对了,话更对了。有人说,宫二这个角色,章子怡美到令人惊艳。我觉得美之外,她的演技也大为精进。"我心里是有过你的,但也只能喜欢到这里了……在我最美的时候遇见你,是我的幸运,但是我却没有时间了。"一个为了替父亲复仇宁愿一生不嫁、武功永不传后的刚烈女人,貌似波澜不惊、不动声色说出这些话时,心底该是怎样的千回百转、无语凝噎?坐在伟仔面前的,不能是张曼玉,不能是周迅,更不能是刘嘉玲,她只能是章子怡。单薄的身体下,怀揣一颗勇敢的心。

里面还有一句话:人世间所有的相遇,都是久别重逢。这也很王家卫。其实回过头想,王庆祥或赵本山的角色,如果换成了梁家辉张国荣他们,说出的话,也有不少是意味深长、可以成为金句的。可惜了!

好吧,不管怎样,我心里是有过你的——王家卫,但只限于喜欢你拍梁朝伟张曼玉张国荣章子怡们。下一次,可不可以别在用人上尝试创新?有句话叫"衣不如新,人不如故",很多事都是这样!

一坛"醉生梦死"的酒

2008年,6月21日,农历五月十八,夏至。黄历上写:冲狗煞南,宜嫁娶出行,忌开市。

晚10:20,《东邪西毒:终极版》在上海影城做内地特别慈善首映。王家卫、张叔平、陈勋奇、梁朝伟、刘嘉玲、杨采妮,15年前影片的导演、美术、配乐、演员,重聚在戏外,看世事沧桑,似水流年,感慨万千。

《Ashes of time》,意为"时间的灰烬",是电影的英文片名。影片中有一句话——当你不能够再拥有的时候,你唯一可以做的就是令自己不要忘记。十几年后,当我们成长到足够懂事时,才发现重温这部经典之作的修正版,触摸久远记忆,是怎样一种苍凉的手势。

时间流逝了,记忆如灰烬,薄而软的一摊,只要一阵最细微的风,就会吹散消尽。戏中的人,永远滞留在炽热的沙漠中;戏外的人,百转千回中,所有的当初都成枉然……

《东邪西毒》是王家卫在1994到1995年间拍摄的。十多年前,香港电影正处于巅峰时期,片中的几位主演张国荣、梁家辉、林青霞、张学友、梁朝伟、张曼玉、杨采妮、刘嘉玲、王祖贤(拍完后戏份被剪得一个镜头都没有)多数已是大明星;而导演王家卫,还没有登上华语电影文艺片大师的宝座。

十年后的某一天,王家卫突现灵感,想重新剪辑这部当年票房不佳但却被影迷奉为经典的作品。花费四年时间,耗费千万人民币,《东邪西毒:终极版》现身,当它再度与观众重逢,只有一个明证——真正的经典,决不会随时间灰飞烟灭,有些东西,绝对如酒,愈久愈醇。

据说《东邪西毒》之前,王家卫在1990年拍摄的《阿飞正传》也是票房很不景气。虽然四年后的这一部,集中了当时香港影坛的精华人物,而且幕后杜可风的摄影、张叔平的美术、洪金宝的动作指导,也都是顶级班底。可由于阵容太过豪华,投资商担心王家卫又会把电影拍得过于晦涩而收不回成本,于是让他以同样班底兼拍一个卖座的搞笑版——也就是王家卫任监制、他的好友刘镇伟导演的《东成西就》。有八卦报道称,当年这一班最当红的明星,上午拍得欢欢喜喜,下午哭得稀里哗啦,成为影坛一段轶事。

而1994年,对于片中的明星而言,各自都有难忘的事情发生——

那一年6月,刚刚结束《东邪西毒》的拍摄,40岁的林青霞下嫁给孜孜追求的商人邢李原,退隐江湖。片中她扮演的慕容燕说:"我曾经问过自己,你最爱的女人是不是我?但是我现在已经不想知道。"终于,她不再纠缠于和秦汉的恋情……

32岁的梁朝伟和29岁的刘嘉玲,则在相恋近五年时,感情发生危机,起因是伟仔和周嘉玲因合作《重庆森林》爆出绯闻;刘嘉玲也没闲着,正与旧情人许晋亨交往过密。片中的盲剑客(梁朝伟饰)深爱妻子桃花(刘嘉玲饰),但桃花却心动于黄药师;戏外的刘嘉玲,也是十几年中绯闻频传,还好,这段饱经沧桑、跌跌撞撞的感情,终要修成正果……

30岁的张曼玉在这一年,和地产商宋学祺热恋,却最终人财两空,情路不顺的她再受重创。片中深爱欧阳锋的"嫂子"轻叹:"在我最美好的时候,我最喜欢的人都没有在我身边。如果能重新开始该多好!"结果抑郁而终。生活中爱情至上、勇敢坚持的张曼玉,如今还在等待她的真命天子……所幸,她已在两年前凭《阮玲玉》荣膺柏林影后,演技精湛得到公认。

36岁的张国荣,在本命年中可谓电影大丰收,《东邪西毒》《金枝玉叶》《大富之家》《锦绣前程》《香蕉成熟时Ⅱ》，而和内地导演陈凯歌合作的《霸王别姬》，刚刚夺得戛纳的金棕榈大奖不到一年。那时的"哥哥"，人靓歌红电影大卖，如"西毒"一样横扫娱乐圈江湖。永远清亮无辜的眼神哪有忧伤，又怎会料到自己9年后会应验《阿飞正传》里"无脚鸟"的谶语！

33岁的张学友在拍这部戏的时候，已经贵为"四大天王"之首。和片中的角色很像，"洪七"带着妻子行走江湖，生活中的他两年后娶了罗美薇，从此夫唱妇随，十几年来情深意长，情比金坚。

片中和慕容燕、桃花、欧阳锋大嫂纠缠不清的黄药师，最终情感无所归依，因为他相信："得不到的东西才是最好的。"扮演"东邪"的梁家辉36岁，在此之前已是影迷心中最经典的"情人"。彼时，生活中的梁家辉婚姻虽走到第七年，却不曾遭遇"痛痒"，幸福到今日……

当年的《东邪西毒》，被评为王家卫"最诗化的实验电影"，用巧妙而带有黑色幽默的情节，对传统意义的武侠电影进行了颠覆。对影迷们而言，除了文艺腔的旁白，孜孜不倦地分析错综复杂的叙事手法、故事线索和人物关系更成了他们看这部电影的乐趣之一。有人甚至每隔一段时间都会把该片拿出来重温一次，更对其中经典台词倒背如流。"终极版"为了向已逝的张国荣致敬，最后特地增加了一个镜头——"西毒"欧阳峰长发纷飞,在大漠的滚滚黄沙中与人交战……

  为了记住银幕上那些再没可能重聚的形象,我们,跟欧阳锋一样,终究没有学黄药师,喝下那一坛可以忘记前尘的"醉生梦死"。

我们的"志明和春娇"

"我以为你喜欢我,所以我才喜欢你咯!"

春娇问志明什么时候开始喜欢自己的,志明就是这样回答的。看见字幕上打出这一行,心里有些小难过。这就是现代人的爱情吗?都不敢先付出感情,患得患失地爱或者被爱,怎么那么不痛快呢?

我看的是《志明与春娇》内地删减版,倒也不觉损失,因为对港版中的粗口或黄段子一点不感兴趣。

很多年前,在香港的铜锣湾书店,偶然翻到这个名叫彭浩翔的作者写的书,都是些琐碎的香港年轻人的事情,可是里面的情绪,被他描述得如此妥帖,很多都好像在自己身上发生过一样,有点拧巴、有点憋屈,也有小小的温暖和感伤,都不那么强烈,却如同有一根小针轻易就可以戳到你的痛处。

张志明与余春娇的情感也是!在公共场所禁烟的香港,无数烟民会偷闲溜到背街的小巷抽烟,久而久之,彼此就认识了。卖化妆品的春娇,怎么看条件都是不及在广告公司任职的志明,年龄比他大,长得也不漂亮,不过,有些感觉真的很微妙。春娇就是在跟志明貌似无所谓的交往中动了真情。彭浩翔是高手,把生活中人们发短信的手势用到了极致。"在干吗?""没什么,朋友生日,有些无聊。""出来走走?""哪里呢?"

感情往往就是这样,女人动心的时候,男人却想逃跑。春娇是典型的都市女孩,会耍点小计谋,却也不失一片真心,这样的女人很可爱,表面上始终是温和的,把内心的那点小强势和小执着掩饰得够好,若即若离间,已然探得了男人的真心。快结尾的时候,两个人开始对质到底有没有一见钟情,结果,这段感情果然不似小说那般戏剧性,自己喜欢上对方的那一刻,对方的心却未必有默契。好在,彼此还是走到了一起。至于以后,谁知道呢?我有点怀疑,我想编故事的彭浩翔也有点怀疑吧?但他很善良,不想让我们心怀惆怅地走出影院,所以安排了一个完满结局。

我最终都不能断定,志明与春娇的感情算不算爱情,也许只是都市里两个寂寞男女对温暖的一种盼望。我们很多人不都是像他们那样生活的吗?不过,未必人人都幸运如春娇,遇见自己的"志明"。而一旦真的遇见,我们真的也可以那么勇敢吗？手段也好，撒娇也罢，刻意地收放，都是为了赢得。反正我做不到，就算看见"志明"就在不远处，却不知道如何表白。或许早就明了，生活远比电影残酷得多，如果没有刚刚好的时间、地点、心情、愿望，再怎么做和说，都是枉然。

于是，跟很多人一样，我们在一次又一次枉然的无奈中，眼睁睁看着那个志明或春娇渐行渐远都不懂得如何挽留，或者干脆一咬牙，自己先一走了之。所谓心碎的感觉，终究只是一种感觉而已。每个人都会遇见，一次，或者更多次。

有一种才情叫嘚瑟

"有一种才情叫嘚瑟",以此献给导演张猛和他的电影《钢的琴》。

《钢的琴》讲的是一个发生在1990年代东北工业厂区的故事,钢铁厂将废弃,工会干事陈桂林不仅面临失去工作,老婆也移情别恋跟了大款,谁能给闺女买一架钢琴谁就拥有抚养权。自己组了个小乐队专门在厂区范围为婚丧嫁娶表演的陈桂林,跟哥们借钱搞得人见人跑,拿硬纸板画一条琴键让闺女想象着练琴也不是个办法,索性找了一帮死党趁醉去小学偷琴又被抓……一通折腾未果备受打击之后,人家居然想出了一招绝计:自己造一架钢琴。就这样,从留苏的退休工程师到杀猪的屠夫,从改邪归正的小偷到有一批弟兄的大哥,自个儿开口求的,主动请缨的,一帮纯业余的游兵散勇,居然真有雄心造一架

"钢的琴"。这群东北大老爷们就为了陈桂林"忽悠"的那句话——咱这辈子总得干成一件事吧!

这事儿在观众看来真是貌似"不可能完成的任务",可居然最后愣被弄成了!虽然陈桂林的闺女在废弃的工厂里从这架"钢的琴"上弹出的音符有点怪异,但怎么说这真是一架纯手工制造的钢琴!说到底,这其实已经跟钢琴没关系了,而是关乎人们的梦想!整部片子其实讲了一个简单的事儿,但导演完全没有给人半点苦哈哈的感觉,反倒是在表现几个大男人的待人做事时风格迥异,充满个性,且处处布满幽默感。你能想象吗?在装猪肉的车里大摆 POSE 唱歌,在全是机器的车间里跳激情探戈,让我想到比约克主演的《黑暗中的舞者》……加上不时响起一段苏联歌曲或东德风情的旋律,给人无限浪漫和跳跃之感。好像,他们的梦想都是插着翅膀的,只要你有,你就能飞。

我跟朋友力荐去看《钢的琴》的理由是:它非常适合在庸常生活中梦想早已泯灭的拖家带口的中年男人,尤其是南方男人。一直以来,见过太多被现实折断双翼的男人,为了那些在我看来莫名其妙在他们看来却无比重要的名利,一边抱怨一边艰难奋争。这些男人一律的眼神黯淡、面露倦意,嘴角却带着随时准备"应战"的谦卑笑意,他们习惯说"没办法""身不由己"这样的场面话,他们偶尔也会灵光闪现一下年少时的梦想,但最后都会一脸无奈地表示,残酷的现实令他们没得选择。现实哪有这么残酷呢,梦想也未必照不进现实。而你认定想做的事情,不去做就退缩了,只能证明你欠缺勇气患得患失罢了!

看完这部电影的很多天以后,我忽然想起来,我的工程师老爸也曾在我儿时许诺做一架玩具小钢琴给我,好像还真的动了手,磨出一两只三角钢琴的锥子形小琴腿。后来,他就远离了我的生活;后来,我确实拥有了一架琴面上漆着鲜花的红色小钢琴,是老妈买给我的;再后来,很多年以后的一个夏夜,我与老爸相见,他抽着烟,坐在那里忽然面无表情地说了一句话:人生就是一出悲剧!

如果,你从未为梦想拼着命地争取过,哪怕一次,你怎么能体会到那种极致的快乐?你怎会不觉得这一生都有点黯然失色!

凭什么是《桃姐》

出差前夜,坚持守在电视机前看央视于深夜转播的香港电影金像奖颁奖礼,特别高兴看见许鞍华的《桃姐》完胜!

最佳影片、最佳导演、最佳编剧、最佳男主角、最佳女主角——很久很久,没有一部电影能同时得到如此齐全的重量级大奖。不知道导演许鞍华除了高兴之外,还有别的什么想法。有内地圈内人对这届金像奖结果颇不以为然,感觉《桃姐》确实品相俱佳,但要真说当之无愧那么多奖,似乎有点过了,明显看出香港电影人的本土保护意识。这没有什么不好,如果你自己都不爱、不支持自己的影片,还如何指望别人的疼爱?

《桃姐》这部电影,我看了两遍。第一次看粤语原版,是跟姐姐一起,看到后来,我们都流了眼泪。我想,之所以如此被片中叶德娴与刘德华主仆情深的故事所打动，是因为我们的母亲年岁渐老，身体也日渐虚弱，无时不需要我们的照顾和关爱。人世间最悲哀的事情，莫过于看着身边最爱的亲人慢慢变老，并意识到彼此的生命与陪伴，都会随着时间流逝而变得有限。第二次，我特意陪母亲去看了国语版。包括姐姐在内的很多人，曾在首映场的观众调查问卷上，对着"你会不会带父母去看"这个问题打了"×"，或许是觉得不该让老人见到片中关于老人院、疾病，以及不得不面对衰亡的无奈生命。我倒觉得未必。还记得采访许鞍华的时候，我问过她电影中哪些段落曾打动过她。她很坦然地说，打动自己的倒未必与打动观众的点契合。打动许鞍华的，原来是某个晨曦渐露的早晨，老人院里的老人们打拳的、走动的、听收音机的，该干嘛干嘛。"以前想象老人院里是惨绝人寰的生活，其实老人们自己并不觉得惨，你觉得惨不惨都无所谓，关键在于自己的感受。"

确实如此，每个人都会老去，你可以关心我，但我不需要你的同情！这是华仔面对岁月流逝的从容态度。六十多岁的叶德娴更加感同身受，据说这位固执的老人，曾把金像奖奖杯拿来挂帽子，那次跟她求证，她淡淡一句"物尽其用"，果然淡泊得要命。难怪，她不接受别人安排自己的晚年生活，甚至表示，如果有一天不能自己料理个人卫生，就要安乐死。

这部片子，让我感触良多。或许，还因为一直喜欢那种与生活息息相关、细腻体贴的故事。事实证明，这样的故事也是能打动大多数人的。得奖，自然有充分的理由。

　　电影的所谓诚意，并不是以噱头、技巧、风格、另类什么的来哗众取宠，只有用了真挚心意，才能让观众感受到暖意和共鸣，这应该是衡量一部好电影起码的标准。看完以后，能让人想想自己的人生，这才好！

唉,这个易先生……

"他的侧影迎着台灯,目光下视,睫毛像米色的蛾翅,歇落在瘦瘦的面颊上,在她看来是一种温柔怜惜的神气。

这个人是真爱我的,她突然想,心下轰然一声,若有所失。

太晚了。"

这是张爱玲小说《色·戒》里的一段描述,这也是我看李安的《色·戒》,最被打动的一刻!珠宝店里,易先生和王佳芝,面对那枚边缘镶满碎钻的六克拉粉色钻戒,两个人都触到了对方些许的真情,在那么久辨不清也无法辨清的诱惑与迷恋之后……

看完《色·戒》的午后,我坐在去报社的车上,等红灯的街口,看见一辆压路机正在那边碾压一段需要补修的马路。新鲜的沥青,被滞重的滚轮碾过,即刻平整,不留痕迹，宛如电影中王佳芝对易先生渐生的情愫，终于灰飞烟灭！

第一次在大银幕上看见汤唯，还是有些吃惊！如果李安从导演的角度透视到她如一张白纸般容易调教演技，那么于我而言，无论从观众的眼光，或者从娱乐记者的视角看，这个二十八岁的女人都算不上外表出众：不甚光洁的脸庞，颇明显的婴儿肥，双眸瞳距很宽，鼻孔也有些明显，一双手更不是纤纤玉指……

这样一个女人，色诱的是以眼神就可以迷倒众生的梁朝伟？看见电影的第一眼，是要提心吊胆的。

但最后她做到了，全赖导演不动声色的调教。

并不想讨论《色·戒》的主题，一个女学生色诱汉奸，结果不但动了真情，还误送了卿卿性命——也只有张爱玲可以这么寥寥数语却写出意犹未尽的感觉。这样一个敏感的故事，在内地的上映是颇费了些周折的。

终于在大银幕中看见了很棒的《色·戒》，我是喜欢的。和故事无关，和情感有关。

原本一场假戏，却真做起来，我想很大程度要归功于梁朝伟。有女友说，这是她所见过伟仔演戏以来最具魅力的角色。按理说这里面的易先生，这个年纪的伟仔，都不见得最吸引人。还记得去年某个很热的日子采访伟仔，他正在拍《色·戒》，整个人憔悴，神情恍惚，原本寡言，这下说的更少，他解释自己很难拔脚走出那种"阴郁"

的感觉。

如今,电影出来了,里面的他真的阴郁,总是蹙眉,沉默,谨慎,却把所有的情感,都交付给一双眼睛!所以,我相信女学生王佳芝看见这样一个易先生,是会喜欢上的,就算有国仇家恨这样的教育撑着她的暗杀行动,在色诱的过程中,还是情不自禁会当了真。因为那个男人真的寂寞,做违背正义的事情,不相信任何人,也没有朋友,听见情人说"我恨你",却要求她一再这么说,是听出了背后的真情吧。还有,就算他总是寡言,但知道送给她一枚戒指。

戒指这种东西,代表一种约定,与价值无关。现在的男人,可以送女人很多东西,却是吝于送戒指的,因为承担不起。其实是他们笨,女人未必收下戒指就要追随他终生;女人要的只是这个手势,让她可以在日后漫长的记忆里,回忆起的都是他所有的温情。就像许过一个诺言,谁又在乎能不能永恒!

镜头转到本文开头的那段——如果你面对这样一个男人,一定会疼惜并爱上吧,用一些旧愁里的忧伤,怎么舍得看见他死去?所以,她让他走,他即刻恍然。但他不得不让她死去,因为她只能死去。如果你说他冷酷,为什么他眼中又见泪光闪现!

一段乱世中的情感,半真半假……

你会等我吗？

"如果有一天我走了,你会像马达那样找我吗？"
"会啊。"
"会一直找吗？"
"会。"
"会一直找到死吗？"
"会。"
"你撒谎。"

这是电影《苏州河》开篇的一段旁白。很多年前,我边看那盘质量糟糕的盗版碟,边把它记在一个黑色笔记本上。《苏州河》,里面因为有周迅和贾宏声当年堪称前卫诡异的表演,成为那个年代挥之不去的一个符号。"牡丹"和"马达"的爱情,有几个人拥有过？

"9,38,52,69,80,83,193……1460。这些数字都是

他写信给我的日期,你觉得这些数字有什么规律？算了,别想了,该想的我都想过了。你知道我现在最想干什么吗？我想找他出来,对他大吼：你他妈怎么不去死啊！"

这是《李米的猜想》开场的一段独白。出租车狭窄的空间,"司机"周迅对来来往往的乘客滔滔不绝。那一刻,她是"李米",车后座放着一本厚厚的贴满男友照片的杂志,她的线索只有54封信,54个日期,而来信的人仿若人间蒸发。如果,你的爱人失踪了,你会等他（她）吗？会等多久？会像李米那样,等四年吗？

我想说的也许和电影没有太多关系,而是关于电影的主题——等待。电影里的李米,因为想开一家超市,于是男朋友方文走了,希望挣够了钱为女孩实现梦想。可是他不知道,等待对女孩来说,远比实现梦想要备受煎熬得多。这一等就是四年,四年后李米和方文相遇,对方已深陷泥潭无法脱身。如果最初甜美的爱情,终将以生离死别做代价,情何以堪？

认识一个很好的男孩,他曾深爱自己的女友,却因为自己不能给她更多的物质享受而不安。挣钱,挣很多钱,让自己的爱人过上幸福生活,可代价是女孩在岁月里无尽地等待。我说也许女孩要的不过是平淡日子里的同甘共苦,开心或悲伤,都是简单的。他却固执,说男人要懂得给予。结果,女孩在等待中不堪琐碎的争执、误解、彷徨,一走了之。

有时候,等待是因为舍不得已经付出的等待。

　　曾经一直以为,只有女人才愿意做等待这样的事情,其实不然,我认识一些男人,比女人更执着而念旧。不过,你可以将最后的无疾而终归罪于这个世道,而非岁月。这个世道,纯情和忠贞好像夹在书中泛黄的银杏叶片,已经被很多人当成标本,美是美,却只能拿来观赏了。

　　"708 天,李米,我今天到机场买了机票,那时候思念像是一条在草上爬行的蛇……"再见方文的李米,追着朝思暮想的爱人,一路哭得乱七八糟,跑得跌跌撞撞,嘴里背着他写给她的那些信,而方文却死活不肯认她。对一个女人来说,这是怎样的一种绝望!你看,有时候,等来的就是一个悲剧。哪有惊喜!

　　尽管如此,我们不还是甘愿做那个等爱的人吗?

陈可辛式的爱情

"世间并没有那么多阴暗跟颓废,在整个变动的大时代里,生离死别变得那么天经地义不可选择,像河水涓涓而流……"

我看《投名状》里的刘德华,在潮湿阴冷的小街被一支又一支暗箭刺中胸膛,终于跌倒,眼中是一片的未知,就那样孤单死去。然后,就想起台湾导演侯孝贤的这句话!

一个星期里,看了两遍《投名状》。一部电影看两遍对我来说是很平常的事,我曾经在高三的时候创下一部电影看八遍的纪录。

在上海的某个早晨,我顶着稍嫌混沌的脑袋看了第一遍,两个小时以后就见到银幕上所有的人,不再棉袍裹身、灰头土脸,个个美貌精神、赏心悦目。

应该是从陈可辛来内地拍《如果·爱》开始,我们在各种公开或私下的场合见过,他总是很健谈,很知识分子,好像对感情尤其看得通透。所以你看《金枝玉叶》,看《甜蜜蜜》,都有种可以被击中心房的痛或甜美刹那间涌出。这一次,我相信生性敏感的人,依旧可以在大段大段的浴血厮杀中轻易寻得爱情的线索。

看完电影,我身边两个三十岁的女人都觉得奇怪,为什么徐静蕾放着那么善良又英武的刘德华不爱,偏偏喜欢功利又野心的李连杰?我开玩笑说,好比一个心气挺高却被埋没的女人,当然不甘于和一个良心好的乡下文盲过一辈子,迷上有点文化的城里人是很正常的。

现实中这样的女人,和闹婚外恋的男人一样,最后多半都会回到原配身边!生活就是粗陋而平凡的,守着这样的日子,才安心而长寿。

陈可辛也这么说,电影里的徐静蕾是"扬州瘦马",学了琴棋书画,算是小资了,碰到落难英雄痛哭在自己怀里,一定会被打动的。徐静蕾则说,很多女人是见不得大男人在自己面前流露软弱和感伤的,但她很冷静地确定,对李连杰,应该是激情。这不正像极了现代版红杏出墙的故事,丈夫老实不解风情,难免邂逅新奇的男人。只是,电影里的徐静蕾还没有等到结果就被金城武杀了。

我是到三十岁都不了解男人的那种愚钝女人,并且也不打算了解他们了。看了《投名状》以后,越加觉得无望,因为终于看清楚身边充斥着李连杰那样的男人,在他们眼里,名利甚至比生命都要紧,还美其名曰做大事的男人就该如此,其实挺无聊的。所以最后看见李连杰死了,不管是被金城武轧死,还是被清兵的火枪射死,心里都特别痛快舒畅。

怎么活都是一生,但你是有得选的。去看看陈可辛的影像世界,你也许可以窥见自己不那么磊落的心!

岁月如神偷

之前听到《岁月神偷》这个片名,我一直以为是一部港产警匪片。

跟我口味相似的闺蜜在香港先看了电影,说真的很不错,又感人。后来,这部电影拿了四项金像奖。再后来,我约了志趣相投的朋友一起去看,发现香港人那么追捧的大热影片,在杭州完全不行。很少的场次,寥寥观众,一副刚上档就要下片的惨淡样子。

仔细想想片名,奇怪当初自己怎么会有那样的误解——明明,人家说了,岁月就像一个神偷!20世纪60年代的香港,深水埗的普通百姓,任达华和吴君如一家四口,开皮鞋铺为生,懂事优秀的哥哥,顽皮聪明的弟弟。平平淡淡的琐碎生活,勾勒出一幅典型的香港市井平民图。非常美的画面和音乐,难怪收获了金像奖原创音乐奖。

故事发展得如安静流淌的小河——爸爸每天问小儿子：今天老师教了什么？小男孩就答：中文和英文。爸爸问：中文教什么？儿子答：中文。爸爸又问：英文教什么？儿子答：英文。

我们一直等着故事发展到一个阶段出现所谓的转折和高潮，结果一切平缓得不可思议。甚至大儿子得了血癌，直到某一天喝完一杯白水，咳出大口的鲜血，死去，也是预料之中的！

I wanna be free

（我渴望自由）

Like the bluebirds flying by me

（像蓝鸟从头顶飞过）

Like the waves out on the blue sea

（像蓝色大海中的海浪）

If your love has to tie me, don't try me

（如果你的爱会束缚我，那么不要对我这样）

Say good-bye……

（说再见吧）

这是电影里经常出现的那首歌，好听得很。也是60年代的韵味，旋律很舒展，歌词也恰好吻合那个年代年轻人的向往。我找到了整首歌的歌词，也是很喜欢。

任达华在里面的戏不多，一个老而发福的中年男人，疲累的脸色,粗糙的手掌,微驼的背,都像极了一个鞋匠。这个曾经紧绷的偶像派型男,终于变成一个连背影和手都会演戏的人了,所以就算他的戏份少得像个配角,还是打败了当届金像奖影帝大热人选王学圻,赢得了最佳男主角。

  曲终人散,意犹未尽,说不上是遗憾,就是觉得太生活了,太像我们自己的平淡日子——上班,下班,有时和喜欢的人吃饭,聊天,看戏,然后分开,各自睡去,各怀心事,或者脑子里一片空白,很多话其实是想说的,可说了的结果并没有什么不同。日子就这样如流沙逝去,明天很近,未来很远,总觉得还有的是时间。直到有一天,被岁月偷去了所有的东西!

明月几时有

明月几时有,月如钩,何人相约黄昏后;

明月几时有,月当头,何解一段离愁;

明月几时有,上高楼,何时才是团圆时候。

许鞍华的电影肯定是要看的,周迅的电影也要看。所以,对《明月几时有》一直期待。

开场就是梁家辉在回忆。梁家辉老了。曾经,他是我非常喜欢的演员。《明月几时有》里,他演已经变成老人的当年那个抗日少年,脸上带着刻意为之的老年斑。他作为回忆者出镜,不时穿插在影片中间,讲述断断续续,是香港街巷弄堂里最普通的老人,几乎没有扮演的痕迹,回到朴素原点,也好像回到梁家辉本人。

1940年代的香港,遭遇日军侵占沦陷之际,一件很著名的事,省港文化名人大营救,以小学老师方兰、神枪手刘黑仔为代表的普通人,成功搭救了茅盾、邹韬奋、柳亚子等文化名人逃离香港……

那是一段于我非常陌生的历史,以至于郭涛扮演的茅盾出场时,我都没反应过来这个"沈先生"是沈雁冰。郭涛、蒋雯丽(演沈太太)、叶德娴(演房东太太),开场出现的,都是会演戏之人。尤其叶德娴,"桃姐"之后,再度让人折服。所以,大家都夸她好。这位资深前辈确实厉害,把一个精明会算计的房东太太演得活灵活现。她也是一个母亲,会在对女儿的絮絮叨叨中,不经意夹一个馒头过去,那时候大家饭都吃不饱,数着米粒煮一锅粥;她还心细如发,即刻就知道女儿在偷偷抗日的行为,却不像其他电影里的愚妇,哭天抹泪央求着阻拦,她像那个年代所有中国人一样痛恨日本人,只是担心,瘦弱的女儿会不会承受不起,"别连累了队友"。

女儿方兰离家的时候,走得那么稀松平常,母亲也没有表现出依依惜别不知相逢几时的悲伤,可是,悄悄追上去塞进女儿手里的一柄长伞和一只金戒指,足以让人感受她心里深重的爱,有种眼泪被堵住的憋闷。母女再见,还是平淡无奇,好像每天上下班回家一样平常,却在不知不觉中,让观众预感母亲注定会和女儿一样为反抗日本人做些什么。

因为叶德娴演得出彩,有人评论其他年轻演员的演技被"秒杀"了。并不同意。看看周迅在得知母亲被抓,为了保全自己的东江纵队和刘黑仔的短枪队而终究无法前去营救的那场戏——当做出这个决定以后,漆黑潮湿的山间小路,她缓缓蹲在地上,只有弯曲的后背,呈现隐忍恸哭,留身边同样无能为力的彭于晏。暗夜无边,散发着绝望气息,周迅瘦弱单薄的背影,轻轻颤动,传递出来的痛和伤心,却是排山倒海的。

还有每一次出现都身手敏捷,甚至有点儿玩世不恭的神枪手刘黑仔(彭于晏),拿一床棉被轻松干掉坏蛋的麻利,骑着单车扬长而去的轻松样子,帅得让人竟恍惚在无情的乱世找到一丝快乐——那是生命的亮色,是活着的希望。

还有对吃津津乐道、温文尔雅的李锦荣(霍建华),有着繁花似锦富家子弟的名字,长得也俊美文雅一表人才,看他周旋于酒色与日军当中,却肩负着传递情报的隐秘重任。有一天,和分手的方兰在码头重逢,在对方的愕然与了然中,他微微一笑,一句"为了避免有人跟踪我,我就不过去抱你了",道尽离别后从未放下的牵挂和爱念。而那一别,正是永别。

乱世中的生离死别,从来无法预料! 如同影片最后刘黑仔和方兰的对话,能像他们那样好好告别,已算奢侈。如果解放了,你来找我,知道名字,应该找得到的——方兰告诉刘黑仔自己的真名叫孔秀芳。那时候的人简单,知道一个名字,好像靠诚意,就能够找到对方……

  电影就这样结束了！真好，没有之前李锦荣出画后的一声枪响。周迅和彭于晏都年轻貌美地站在我们面前，告别而已，就算来日不得再见，走出影院的我们仍可以在心里浮想联翩——解放时，他们应该能找到彼此吧！应该会的！我们甚至可以幻想着两人四目相望时眼中定是笑意流转，因百感交集而泪光闪烁。

简单的男人才可贵

整个学生时代,我都是一个喜欢写日记的人。很多年前,看过一部电影,盗版碟,影像很差,但故事情节记得很完整,英文片名《Salt on our skin》。那时为了这个打动我心的故事,很仔细地写了日记来点评。

多年以后,偶然看到自己前段时间下载的一个片子,《欲望海岸》——讲述男女主人公海岸相遇后发生的爱情故事。一句简单的介绍!一看才发现,原来,就是差不多十年前看过的那部《Salt on our skin》。特意上网搜,导演安德鲁·伯金,是拍过《圣女贞德》和《香水》的英国导演,那两部片子,都是带点诡异气质。

《Salt on our skin》拍于二十多年前!

长大之后,我才懂得什么叫"温故而知新"。就好像,十年前我看这部电影,被片中女主角的爱情深深打动;十年后,我突然非常讨厌她,包括那张棱角分明、咄咄逼人的脸。看来,一个人的感情观也会随岁月流逝而发生改变。

搞得很复杂的事情都不会太幸福!

在埃菲尔铁塔下,盖尔文从英国渔村跑来向心中所爱的女孩乔治求婚,却遭到拒绝。因为她说,自己的生活比较复杂,还有诸多梦想和要做的事。所以,盖尔文说:复杂的东西都不会幸福!

一个好出身的城市女孩,偶然跟随家人到乡下度假,认识了英俊、年轻而有个性的渔民。虽彼此吸引,但终究无缘。男孩后来选了村里的姑娘结婚,女孩得知后又吃惊又难过。直到有一天,男孩来巴黎找女孩,正打算上大学的她发现,等待自己的未来是充满诱惑的未知数,她只想沉浸于短暂的激情,并不愿接受男孩打算离婚、离开乡村出来上学,并娶她为妻的心意。"我不想你改变,我只喜欢现在的你,做渔民的你。"

为了这句话,他一生都做了渔民,从男孩到男人,直到死去。因为她喜欢这样的他!而她呢?只有回忆,每隔几年两人在各地偷情式的激情约会,带着无限伤感,还有——成为作家的她讲出的这个爱情故事。

这真是一个简单的男人!我们总是说,想要简单的生活,喜欢单纯的人,可是每一次,当真的面对这样的人事时,你敢义无反顾地投身其中吗?对我们而言,生活确实很复杂,总觉得太多需要疲于应对的东西无法回避,就算未必真的如此。欲望越多,越不幸福,越复杂越烦恼。

在这一点上,老外相对而言比中国人简单。不是说他们对感情有多忠贞,而是当他们面对感情时,不会像我们这么算计。曾经身边有女友,离异,带一个孩子,不美,在中国男人眼中差不多就完全没机会赢得真爱了。但她被一老外爱上,在对方眼中,这个女人学艺术,支过教,养宠物,这就够了,已然太多美德。于是甘愿放弃高帅富的金领生活,带她去澳洲家乡的农场过简单的日子……

太多时候,我们苦苦寻觅着幸福,却忘了获取幸福的代价,有时只需要你懂得放弃!

永远不要嫌太晚

"我永远不会忘记,当他转头再次望向窗外前,有一刹那深深望入我的眼睛——后来我也曾经如此看别人,他凄怆的眼神只有一个含意,每一位学徒都了然于心:如果你不做梦,时光就不会流逝。"这是奥尔罕·帕慕克在《我的名字叫红》里的一段话。

如果你不做梦,时光就不会流逝——可是,如果有一天时光流逝了,你的梦想也可以成真,会不会更美妙圆满?

在看《飞屋环游记》之前,已经有很多人在期待这部电影了。看了之后,才知道为什么有那么多成年人可以被一部3D动画搞得泪眼婆娑。一个人,到了七十多岁的时候,居然有勇气踏上自己的梦想之旅……

笨拙木讷的小男孩卡尔和大胆热情的小女孩艾莉,

因为都喜欢冒险走到一起,居然一路相携走过了漫长人生,直到艾莉死去。两小无猜时,艾莉将自己的冒险日记送给卡尔,里面写着——I'm going to do……后面的空白,是等着用未来无数的梦想去填满的,其中,当然包括将他们的小屋安置在南美洲仙境瀑布的顶端!电影里经常出现的冒险日记,从开始的单薄,到后面被两人琐碎生活中幸福的合影所填塞,看上去很美,可是离当初两人孩提时就心怀的冒险之梦越来越远。这多么像我们自己的生活!

I'm going to do……我要去做什么……这一生里,每个人会说多少遍这样的话,结果根本没有做成。还记得大学时代,我的挚友在逃离校园踏上流浪旅程的前夜,一脸憧憬地说——我要去草原,寻找梦中的红宝石和蓝宝石,远方,必将有一片神奇的土地,等着我千里迢迢为它而去。那个年代的孩子,心怀的信仰和梦想,与金钱、欲望全然无关,是现在很多同龄小孩无法理解的。当然,那一次离家出走,最终以家长和老师的围追堵截半途而废。全然没有电影里卡尔老头那么浪漫。

生活果然是残酷的,多数时候甚至拒绝帮我们成全梦想!

回忆一下,我们年轻时,或者小时候曾经很想做的事情,有多少件做成了?卡尔直到失去了最爱的人,失去了安居的老屋,差不多一无所有的时候,才想起来原来很久很久以前，自己和艾莉就有一个悠长心愿：去寻找仙境瀑布！于是，才有了两千只气球带飞的小屋，才有了梦想之旅一路的惊心动魄和温馨动人！而我们呢？有没有上到最向往的大学？是不是做了最喜欢的工作？最终果然能跟最爱的人相守吗？年少时想去的地方，结果真的去成了没有？曾经许诺对父母的报答，成年后是否因忙碌生计徒留遗憾？

记得很久以前看见一本励志的书，鼓励我们试着将十年内最想做的事情记下来，然后等十年之后，看看有几件做成了。那时候展望十年岁月，是怎么过都不太可能到来的绵长遥远，结果，还不是转眼就过去了。你们呢？这一路走来，在尚未老去之时，有没有一刻驻足凝眸，在倾听雨滴的午夜，清空安静的心，检点一下自己实现了几多梦想？

《飞屋环游记》的英文片名叫做"Up"！有一种意味深长的感觉——向高处！向上！对于梦想而言，不正是"在远方、在高处"！可是，就算这样，也未必无法企及吧？

在遇见一个喜欢的人时，很多人会感慨相见恨晚，其实大可不必。有句话叫做——相遇，永远不会太晚。有生之年，赶紧行动，跟自己的一个个梦想一次次相遇吧，永远都不算太晚！

盖茨比有多了不起

"在我年纪还轻、阅历尚浅的那些年里,父亲曾经给过我一句忠告,直到今天,这句话仍在我心间萦绕。'每当你想批评别人的时候,'他对我说,'要记着,这世上并不是所有人,都有你拥有的那些优势。'"

电影《了不起的盖茨比》开始的第一句旁白,与菲茨杰拉德的同名原著一模一样。

影片在中国上映时,导演巴兹·鲁曼特意赶到中国做宣传,不过,好像他一早就有准备——并不要求所有观众都喜欢这样一部片子。所以,当你遇到那些把"了不起的盖茨比"当成"了不起的比尔·盖茨"的观众,还是耸耸肩别跟他们的无知较真。这年头看书的人越来越少了,就别指望有多少人知道斯科特·菲茨杰拉德其人了!知道莱昂纳多·迪卡普里奥就好了。《泰坦尼克号》过去那么多年了，这是他再次接演爱情片。对于他的粉丝而言，足以。

《了不起的盖茨比》这部小说有多火？它在20世纪全球百部英语小说排行中位居第二；作者菲茨杰拉德有多出名？他在美国文学史上占据举足轻重的地位，更因此作成为"爵士时代"的代言人和"迷惘的一代"的重要作家。作为世界文学经典名著，它对美国梦的阐释超越岁月，被选入美国高中语文教材。所以在美国，但凡受过中学教育的人，没有不熟悉这个故事的。

20世纪20年代的美国，那真是一个特别的年代！片中托比·马奎尔扮演的穷职员尼克从故乡来到纽约，在长岛租住的简陋住所旁，正是盖茨比的奢华古堡。那里夜夜笙歌，各色人等从纽约赶来狂欢，无需邀请卡，更极少能见到主人的真面目。影片在3D效果的强烈视觉震撼中展开，你必须耐住性子等，差不多30分钟后，我们才看到夜色中站在私家古堡海滩栈桥头的盖茨比，莱奥纳多给了我们一个高大健硕的背影，手伸向海岸那一边，一盏泛着朦胧绿光的灯。那盏灯，是他成为今天的他所有梦想所指——那边，正是黛茜的家。

多年以后，"泰坦尼克号"上的穷小子杰克一回眸，笑容稳重却仍旧掩盖不住那抹羞涩与纯真。随着故事的发展，有那么一些时候，你会有种错觉，盖茨比身上似有杰克的影子，不过是，杰克长大成人了。但那份爱，依旧那么炽烈真纯。

随着尼克与盖茨比的相识,才知道原来盖茨比内心深处的一段不了情:年轻时的盖茨比爱上了尼克的远房表妹黛茜,黛茜也对他情有独钟。第一次世界大战爆发后,盖茨比被派往欧洲,黛茜却最终与家境富裕的纨绔子弟汤姆结婚。盖茨比深信,失去黛茜是因为自己出身贫寒、身无分文,是金钱让黛茜背叛了心灵的贞洁,于是立志要成为富翁以挽回与黛茜的感情……

然而,那空白的五年,终究敌不过盖茨比和黛茜各自的改变,亦或许,他们从来都没有改变。事实如此,他爱得痴迷热烈毫无保留,她却欲语还休瞻前顾后;他追求爱的唯一和忠贞,她却摇摆不定自私懦弱;所以他给她无私火热的心,她最终回报以无情离去……盖茨比最后死得极其无辜——竟是被黛茜丈夫的情妇之夫开枪打死,而开车撞死那女人的根本就是黛茜,诬赖盖茨比的,正是黛茜的丈夫。当盖次比帮着黛茜隐瞒实情,痴痴等着黛茜与他远走高飞时,他全然不知黛茜早已回到丈夫身边,因为他们才是一类人。

所以,尼克最后一次见到盖茨比时,见识并亲历这一切的他忍不住大声对盖茨比说:"他们都是一帮烂人,他们所有人加起来都比不上你!"所以,当尼克写完盖茨比的故事后,在"Gatsby"之上,又加了"The Great"!有人问:盖茨比哪儿了不起呀?他了不起,在于他的乐观,在那个物欲横流的世界中,他内心深处保有的爱情圣地。无论是20世纪20年代,还是近百年后的今天。

菲茨杰拉德如此阐释他的小说:《了不起的盖茨比》建立在"幻象的破灭"上。正因为这样的幻象,世界才如此鲜艳。

最好的爱不过如此

很多人看见《爱在午夜降临时》里的伊桑·霍克和朱丽·德尔比沧桑的容颜时,都忍不住一番唏嘘感叹岁月无情。隔了18年的光阴,谁能容颜不老?我倒觉得,与前两部《爱在黎明破晓前》《爱在黄昏日落时》相比,四十多岁的杰西和赛琳更生动真切了。

这个"爱"的系列电影,相信再过很多年,其价值会显得愈发经典。三部影片,每隔九年出一部,导演理查德·林克莱特,以及男女主角伊桑·霍克和朱丽·德尔比三个人,不急不缓地合力编写了一对夫妻从一见钟情,到离别,到重逢,到终于走到一起的情感故事。与其说这是创作,不如说他们舍得以时间为代价,演绎一出戏如人生给大家看。

影片一开始,41岁的父亲杰西去机场送别与前妻生的儿子,安检口告别的一刻,十几岁的少年全然不识愁滋味,背着包头都不回离开,而这边伊桑·霍克忧郁到让人心悸的眼神,似乎诉说了这些年他是怎样从当年漫游维也纳的美国小伙子,变成一个勇于担当、心事重重的父亲。之后回到车上,是长达20分钟与妻子的闲聊,让人依稀记起两人18年来走过的路,后座一对可爱的双胞胎金发小姑娘一直在昏睡,醒来时已错过了惦记要看的沿途古迹,连啃去一大半锈了的苹果,也被老爸偷吃了……

镜头停在朱丽·德尔比脸上时,她真的老了!但是,熟悉的感觉抹去了这点遗憾。

由此,联想到在杭州与方力均的那次相见。他作为国内顶级的现代艺术家来参加一个官方活动,我们约了一起晚饭。傍晚去黄龙饭店见他,沿着雨后的曙光路寻找小饭店,在一家不起眼的迷踪菜馆楼上的露台吃饭,吃着吃着下起雨来,我们聊起十年前在大理的偶遇,算了一下,那以后,竟然这十年都没再见过。可是,又都不觉得对方变了!方力均慢悠悠地说,那是因为我们各自都在变老,所以看出去的对方才好像从未变样。

如我这样,跟着杰西和赛琳一起成长的影迷,看见四十多岁的他们,倒不觉突兀,尤其是两人都没有走样的身形,该挺拔的该清瘦的,都安然无恙,已然是个奇迹。

说到《爱在午夜降临时》,当然不能不提前两部——《爱在黎明破晓前》中的杰西在火车上邂逅了法国女孩赛琳,两人在维也纳度过难忘一夜。9年后,我们都没想到,三位主创如此有心,拍出了《爱在黄昏日落时》。彼时,杰西已成为作家,他把年少时那段惊鸿一瞥的恋情写进小说,也令他和赛琳得以在巴黎重逢,日落之前,两人再续前缘。我们更没想到的是,又一个9年之后,还是这三位主创,以中年心态讲述了有情人终成眷属之后琐碎的平凡生活,在希腊伯罗奔尼撒南部小岛度假的最后一天,关于情感和人生,他们有无尽的回忆,也有爆发的争执、甜蜜、深情、无奈、怨怼,最终归于和解……

纵然千回百转,终于在人群中遇见那个上天注定对的人,这恐怕是人生最大的幸事。有人找累了放弃了,有人穷极一生都想找到这份爱,管它是星移斗转日落日出。

好看的丹麦电影

如果有一天你能拥有精彩的人生,那么一定不再甘于原本平庸而乏味的生活。其实,真正阻碍你的,只有你自己。而我们每个人,都可以有一个"原创人生"——这是我在上海电影节上看到的丹麦小成本影片《原创人生》开头和结尾的独白。

那天下午的一个半小时,是我在疲于奔命的电影节上好不容易挤出来的时间,赶紧钻进了黑黢黢的影厅。附带说一句,电影院真是我从小到大的挚爱之地,如果可能,我希望当个电影院的领座员,每天可以坐在最后一排的角落,面对眼前一方虚幻的世界做白日梦!我是有备而去的,因为之前看见对这部参赛片的介绍,推荐人群是——给不甘于平凡生活的文艺片爱好者。我正是讨厌庸常生活却又无法下决心彻底逃离的那类人。

电影放映之前，有影片的主创和观众一个短暂的见面活动。台上站了三个很帅的男人，金发碧眼，带着相似的快乐简单神情。男主角笑着说，他跟两位导演兼编剧并不熟悉，当时也就是一个电话，听说他们想找他演一个电影，直接就奔去了。我猜那情形，跟咱们这里艺术圈的孩子们差不多，有人起了兴致，一定会有同类兴致勃勃地附和。男主角赶过去见到的同类，并不正式聊剧本或故事，而是天马行空说了大海、天空、植物等等一堆不靠谱的东西，结果三个臭味相投的人却都觉得 high 得不行，这就成了！

那电影确实够 high。开头就是小男孩的父亲带他去打猎，爸爸说，你知道老爸为啥总是能打到猎物吗，就因为我扮成猎物混迹其中。结果，爸爸戴上两只鹿角一样的怪东西走入树林，下一个镜头就是一声枪响，血溅了小男孩一脸！爸爸被人家当成猎物给打死了！很黑色幽默的一段人生，终结了一个善良敦厚的男人。连带着他的妻子，也因受了刺激变成精神病。男孩长大了，对他来说，拥有稳定的工作和情感，就是人生！不料，这个在银行做贷款业务的小职员，净遇到一帮来贷款的神经病，终于被连累开除了。然后他和其中一个厨子成了哥们儿，被游说去西班牙开个餐馆，就为了喜欢那座城市，还可以去看海。而临行前，为了让精神病母亲相信"军官儿子"家庭幸福，他不得不跑到宜家拍了一段录像，假装那里是自己的家，包括女店员，居然都很配合地假扮了一回妻子……

故事就是这样出乎意料惊喜迭出地发展着，当然也有情感失落，但最后总算圆满收场。男主角和假扮妻子的女孩最后走到了一起，去西班牙，那就是他们想去的天堂；而那样的人生，正是他们想要的原创人生。

很喜欢那个电影，之后将故事讲给好几个人听，他们都听得心生艳羡。谁不喜欢精彩的人生呀！可是，又有几个人真的有勇气跟随内心前行呢？当我们在羡慕他人生命的多彩和神奇时，却忘了原地踏步充满抱怨的自己其实也可以，只是，看你有没有勇气去追求罢了。不满意眼前的工作、身边的爱人、生活的地方……你不满意的很多东西，未必是扔不掉的，不过是你内心的另一个自己阻挡了你舍弃的决心罢了。

卡尔维诺在《如果在冬夜，一个旅人》里说：放弃一样东西比人们想象的更容易些，困难在于开始。一旦你放弃了某种你以为根本的东西，你就会发现你还可以放弃其他东西，以后又有许多其他东西可以放弃……

死亡是最隆重的仪式

做一件重要的事情,或者去爱一个人,都应该赋予之一种形式感,这样才显得端然而在意。况且,说的这两样,都是生命中需要留住的珍贵记忆。

我很喜欢奥斯卡最佳外语片《入殓师》,就是因为里面的仪式感。

《入殓帅》在杳港上映时的片名叫《礼仪师之奏鸣曲》,在台湾上映时又改成《送行者:礼仪师的乐章》。

一个技艺不怎么样的大提琴手,乐团突然解散了,他只好回乡下的老家,结果偶然看见报上登了招聘启事,有份"帮助人旅行"的工作需要人,他就去了,结果——是送逝者上路的工作。因为在另一个世界,死去,就是踏上另一段旅程。日本电影的风格,总是唯美、雅致、安静,又流淌着汩汩暖意。

本木雅宏是我喜欢的日本明星之一,并不算非常俊朗,但常常微蹙着眉,令他的脸上总是带着一丝无辜。他就是这样无辜地睁着有些吃惊的大眼睛,糊里糊涂接下了这份工作,而跟着"师傅"第一次出门接手的逝者,就是身体已经开始腐败的老妇人……他之所以从最初的抗拒到坚定地做下去,是被"师傅"作为入殓师为每一个逝者送行时珍重、爱惜、充满情感的手势所打动。拭身、换衣、化妆……那一连串充满仪式感的动作,让我想起优美端庄的鹤舞,沉静而令人敬畏。

男主角有双修长清瘦的手,一个人如果生了那样一双手,应该很会表达情感。这双曾经拉着大提琴的手,怎么也想不到会被主人"发配"去打理没有生命的躯体吧。后来,对入殓师这个职业生出很深情感的男主角这样说:"自己以前坚持的梦想,可能完全不是梦想。死可能是一道门,逝去并不是终结,而是超越,走向下一程。"

影片的结尾,是男主角接到自己儿时就离家的父亲的死讯,去奔丧,不忍心看见其他丧葬师无情随意地对待父亲的遗体,他亲自为父亲收拾,送他上路……当他还是孩子的时候,父亲喜欢用石头表达当时的心情和处境,说好了每年给儿子一块石头,结果只给了一块,就不负责任地走了,再没回来。儿子一直珍藏着那块大而嶙峋的石头,心中却是怀有恨意的。直到掰开逝去父亲紧握的手掌,看见自己当年作为交换给父亲的小石头悄然滑落,终于忍不住掉下泪来……

我还是喜欢《入殓师》这个名字,听起来有点苍白而冷的感觉,其实不然。他们并不像片中有些人说的,因为受到惩罚才不得不去做这样的工作。它是肃穆而动情的,和另一个世界的人"沟通",希望用自己的手,留住他们在人间最好的样子,在最后的时刻。

三十岁以后,我经常在失眠的夜晚,想关于死亡这件事,想到很多时候会惊怕起来。直到这一次,看见本木雅宏的表演,看见影片中溢出的一丝温暖情意,心突然变得安然起来——死亡,其实也不是那么可怕的吧?电影里为喜欢的人送行的老人这么告别:路上小心,总会再见的!

路上小心,总会再见的!这本是朋友之间很普通的道别——有时候第二天就见面了;有时候,要隔很久,久到,在另一个世界。

让伍迪·艾伦告诉你

很多影迷特推崇伍迪·艾伦,好像提到这个小老头的名字,你若胆敢一脸茫然或者不尖叫几声,就不配做影迷似的。

说实在的,我看他的电影很少。几年前很辛苦买到一本他的幽默文集《门萨的娼妓》,是因为身为电影记者,出于职业习惯觉得应该了解一下这位大师,结果很惭愧,我这种爱书爱到不愿与人分享的小气鬼,居然没耐心看完那本书,我猜也许是对他那个年代的文化背景欠缺认识,无法为他的幽默引起共鸣。那本书的封面上伍迪·艾伦倒印的脑袋,四周被翠绿的彩笔画出四射的光芒,好像闪耀的都是智慧。

他当然很有智慧,尤其是看了他的《午夜巴塞罗那》之后,真是佩服以他74岁高龄居然可以拍出如此风情摇曳的时髦电影。跟他之前有点悲伤的《赛末点》相比,这一部电影就像巴塞罗那街头的阳光一样,散发着热辣而迷人的气息。维琪和克里斯蒂娜是一对志趣相投的姐妹淘,从美国到巴塞罗那游学、度假。维琪将与帅而多金的纽约高级白领结婚,淑女风范的她相信爱情的忠贞和永恒;克里斯蒂娜不同,刚和男友掰了的她对待感情如同热衷的摄影,入眼入心的必须充满魅力和激情。结果,在浪漫的巴塞罗那,两位美女遭遇了当地画家安东尼奥的热情。这个天性放浪追求自由和感觉的男人,在维琪、克里斯蒂娜和前妻爱莲娜之间留连辗转。四个人,或者还有这四个主人公之外的一些人,都在经历着疑似爱情的东西,男人和女人、女人和女人,微妙、敏感、纠结、不安,最后回归原状。不过那只是生活的表面,谁都知道,有些事情改变了,是无法回头重来的。

　　"我不知道自己想要什么,但我知道自己不要什么。"一下子就记住了克里斯蒂娜的这句话。所以,无论是她欣然接受安东尼奥对她们"三人行共度良宵"的离谱建议,还是后来跟安东尼奥及其前妻同居一起竟然过得和睦恩爱,都没什么值得大惊小怪的。

　　翻看伍迪·艾伦的资料,看到他在接受访问时说:"生命无疑是一场悲剧,喜剧的绿洲点缀其中。好日子结束时,坏消息就来了。"我想到去看望父亲时,在分别的一刻,他也说过相同的话——那一刻,他坐在那里,脸上的神情很安静也很寂寥。我想,这样的感受,大概多半来自那类年轻时活得比较文艺、敏感而神经质的人,到老他们都没弄明白自己到底想要的是什么;而那些不想要的,却早已被他们毫不留情地抛进了岁月的长河。

多数时候,我也不知道自己想要什么,但不喜欢不要什么心里可是门儿清。而成年之后,每次面临艰难选择左右为难时,我都会选择"不选择",因为觉得,那也算是一种选择。

再见,米高梅

对很多人来说,接受外国电影的"启蒙",就是从那只低声吼叫的雄狮开始。美国米高梅电影公司,陪伴着爱电影的人走过了86年的悠长岁月,在远离俗世的幻境,好几代人通过由它带来的浪漫影像,成全着自己的梦想和感动。

记得《日瓦戈医生》那悠扬的旋律下俄罗斯冬日的旷野吗?记得《魂断蓝桥》里费雯丽和罗伯特·泰勒的经典一吻吗?记得《乱世佳人》里白瑞德和斯嘉丽爱恨交织的眼神吗?那些我们未曾出生时就风靡全球的经典佳作,历经岁月的流沙,却从未在影迷的心中有半点褪色。葛丽泰·嘉宝、加里·格兰特、琼·克劳馥、凯瑟琳·赫本、克拉克·盖博、伊丽莎白·泰勒……这些人们至今仍会津津乐道、意犹未尽的绝代巨星,不知道装饰了多少私密的影集，被寄托了多少痴迷的情愫。

多年以后，我们因《雨人》记住了两个人——汤姆·克鲁斯和达斯汀·霍夫曼；因"007"系列迷上了那个潇洒迷人又无所不能的英国特工詹姆斯·邦德；因一部又一部的"洛奇"把那个叫史泰龙的男人封为最 man 的爷们儿……

当然，你什么都能忘，却怎能忘记《猫和老鼠》带给我们的无数俏皮和幽默，以及在止不住的笑声里暗涌心中的那股暖意！

所有这一切美妙的回忆，都是米高梅赐予我们的。而 86 年后，那只被胶片环绕的雄狮标志，很有可能会永远退出影迷的视线，就此封存它的威风和傲然。

除了深深的惋惜和惆怅，还能怎样呢？早已不是从前的时代，电影在人们心中也不再神秘或值得膜拜，越来越多的影视公司崛地而起，越来越多的电影潦草地拍好又被潦草地搁置。当经典渐渐成为风中的传奇，千山万水之外的米高梅，也唯剩人们记忆中的一个短暂片段。我们邂逅过，就像某段无疾而终的恋情，再怎么怅惘，都阻止不住它仓皇逝去的脚步。

如果你还想做什么，就请道一声珍重和再见吧！

"甜蜜蜜"
那个年代

PART
3

曾经有个"铁象奖"

每年6月的某个夜晚，我都会独自一人穿过深夜的上海街头，让初夏凉爽的风徐徐拂过脸颊，只想安静地独行，心里涌出无限感怀。

如果，爱情是平凡生活不死的梦想，那么，电影也是。我们坐在黑暗的影院，静候影像掠过眼前，音乐缓缓流淌，在别人的悲欢离合中，暂时抽离自己，迷失在幻想的世界边缘。

上海电影节再一次曲终人散，整整十天，没有去万众瞩目的世博会，没有去焕然一新的外滩，从早到晚，就在影院和发布会现场奔波，看片，写稿，一天只吃一两顿饭，睡四五个小时，却神清气爽，斗志昂扬。闭幕式那天中午，跟一个摄影记者聊天，我们努力回忆着自己来过多少届上海电影节，居然一晃已是第九年。然后我们数着自己采访过的那些国际明星,梅丽尔·斯特里普、摩根·弗里曼、哈莉·贝瑞、亚德里安·布罗迪,都是奥斯卡帝后级别,还有苏菲·玛索、伊万·麦克格雷、山田洋次、岩井俊二、许秦豪、奥利维耶·阿萨亚斯、吕克·贝松、里奥·卡拉克斯这些国际著名影星和导演,忍不住感慨,其实,这么多年来,上海电影节办得确实越来越国际化了,可是,为什么曾有那么一段时间,所有的电影记者每逢这个中国唯一的国际电影节,都只会抨击却没有看见它的进步呢?

2010年也是我们全国近百位电影记者"民间"评选铁象奖的第三年,从筹备到初选到终评,在最后即将举行颁奖礼的前几天,这次活动被迫流产,而那时,包括吴宇森、周星驰、周迅、陈坤、李宇春在内的众多名人已答应前来出席。一个只有三岁的奖项,却是全国主流媒体电影记者共同栽培的电影世界里的一朵蓓蕾,它表达了坚守在一线的电影记者对那些年度电影的喜好和评价,也因此备受中国电影人的重视。比如2009年就有中影集团老总韩三平以及陈可辛、章子怡、甄子丹等冒雨前来捧场。不过这一届,因为世博会的缘故,铁象奖被认为安检保卫工作做得不够成熟,最终未能如愿举行。端午之夜,我们一群来自全国各地的电影记者欢聚一堂,欣赏了出自一个四川记者剪辑的VCR,用最热门的年度电影串联而成,对白和配音也是找来自己人重新演绎,笑翻全场。

那个纯属自娱自乐的夜晚，让我深深感动了。也许在娱乐记者中，坚持最久的就要算电影记者，不少都有八年、十年，甚至更久的采访经历。我看见今年接手铁象奖主席一职的上海女记者刘嘉琦在会刊扉页上这样写——近百位同行，平均年龄不超过35岁，我们拥有共同的情人——电影。岁月犀利轮回，注定我们不会长久地持续这段恋情，而我们唯一可做的就是在生命最强盛的这一刻，完成与他的炫目绽放，否则，哪怕明天我们死去，今天也会后悔。所以，当爱未成往事，请伴我坚持。

我也被一个晚辈好奇地问起：你打算什么时候不干这一行？那一刻突然就有点伤感，时间过得真快，我还会坚持多久呢？然后我跟她说：有一天就算不再做电影记者，我一定还是做着跟电影有关的事。谁都有权利选择自己的梦想，不是吗？在不可预知的未来，我将在生活和梦想中一次次远行，体验永不重复的人生百味。

他们随电影老去

在江阴举行的金鸡百花电影节颁奖前夜,我站在酒店八楼的窗前,看这座小城灯火阑珊的夜景,心里细细算了一下,居然这已经是自己采访金鸡百花电影节的第十年。于是跟同屋的何娅开玩笑说,我们可不可以说见证了中国电影十年的发展?她也在一旁扳着指头,一脸惊讶道:真的啊!宁波、无锡、银川、嘉兴、海南、杭州、苏州、大连、南昌、江阴,我也参加了十届。

说起来,娱乐记者中,电影线的记者普遍做得比电视、音乐、文化线的记者要长久。我们当中的很多人,就是在一部又一部电影中随年华老去,内心却仍然充溢着对电影无尽的期待和热情。我一直说,自己看电影真不算挑剔,不会像很多较真的记者那样,总是习惯以质疑的眼光先去挑刺儿。还有不少资质尚浅的记者,每逢电影节老喜欢质疑和炮轰,望着他们快意的神情,有时我会生出怜悯并无奈地想,要是他们多了解一些中国电影一路走来的艰辛和悲喜,发现其中的进步和闪光之处,会不会令自己宽容一些,也开心一些?

电影节期间有一个深夜看电视,央视《子午书简》在介绍秦怡的一生,节目中称这位老艺术家为伟大的母亲,她的美丽是穿越苦难而来。时年88岁的秦怡,因为儿子在16岁时患了精神分裂症,之后一直承担着永远无法摆脱的重任。曾被壮年的儿子在发病时追着暴打,这位年迈的母亲从无怨言。她述说往事时,脸上的神情安详极了,我心里却一阵一阵被抓紧似的涌上酸楚。鹤发红颜的老太太,有着雍容端然的美丽,她从容地说:人生就是要迈过一道又一道的坎,每一次觉得自己快撑不下去的时候,想到还有几十个人的大家,就能变得豁达。所以,在儿子去世后,她将留给儿子治病的钱全部捐给了慈善事业。

国内每一年的电影盛事,我们都会见到老艺术家们的身影,谢晋、谢芳、田华、于蓝、于洋、陶玉玲、仲星火、孙道临(其中有不少已辞世)……但他们几乎很少被媒体的镜头追逐,因大家只关注当红明星。记得有一年上海电影节,看片时我刚好坐在老艺术家于蓝身边,她也是导演田壮壮的母亲,那天还有其他几个老人与她一起。电影开场前,老太太很认真地拿着排片表在研究,但因看不清细小文字而向我求助。那一刻我受宠若惊，热情地为她一部一部介绍剧情，并细心勾出值得一看的好片。而她也如一位慈祥的母亲，笑着说，你这个姑娘真好啊！

  我喜欢热爱电影、热爱生活的老人。我母亲也是一个影迷，从小就跟着她看电影，在那个缺乏娱乐的年代，看电影成为我们生活中唯一的消遣，一部老电影翻来覆去看上三四遍是常有的事。我一直觉得很幸运，《一江春水向东流》《女篮五号》《早春二月》《青春之歌》《天涯歌女》……这些我没出生时就热映的片子，都是母亲带着还是懵懂孩童的我看的，而至今我都搞不清楚，为什么我出生的城市大连，可以在影院里看到这些老电影？

  絮絮叨叨写下这些，是想表达对电影前辈们的敬意。真的，在与你们再度相逢的刹那，我望到了岁月的慈悲。

关于母亲的一切

"时光倒流,母亲正在从一位老奶奶向上追溯,向年轻的绝代佳人复活……"纯粹是巧合,我正在看着的书,是韩国作家崔仁浩写的《永恒的母亲》,而今天,正好是母亲节!

一言难尽——关于母亲的话题,所有人都会这样感慨吧!

几年前,我买了张洁的小说《世界上最疼我的那个人去了》。依旧记得,那天我在书店二楼拐角的书架上,抽出书细读长长书名的时候,心一下子缩成一团。"一九九一年七月底,妈突然以迅雷不及掩耳的速度衰老了,身体也分崩离析地说垮就垮了。好像昨天还好好地,今天就不行了,连个渐进的过程也没有……"

这段话的心情,是我们成年之后,越大越能体会的。

如果你还浑然不知，那真是恭喜，因为你的母亲还没有老去，而你还有足够多的时间，叛逆着颠覆着以青春的姿态"躲避"着母亲貌似烦人的无边爱护。

然后，在某一天，也许就是你和母亲一起坐车的时刻，突然发现，以前一直让你在先的她，现在需要你搀扶一把，在你前面上车了；甚至，车上年轻礼貌的孩子，会为她让座了。那会是一种很突然的打击，也许你会暗自生气，怪母亲怎么可以就这样老了呢？明知道是多么惘然的孩子气啊，却任性地抑制不住那种沮丧。因为，在母亲面前，我们永远长不大。

除了自己的母亲，所有心思敏感的人，也会被别人的母亲所打动。记忆深处，那些关于母亲的影片，依旧清晰动人。最经典的，莫过于台湾电影《妈妈再爱我一次》，里面的杨贵媚，几乎成为苦情母亲的代言人，被一代又一代人记得，以影像的方式保存永恒。

小的时候，看刘德华主演的《法外情》，1985年的华仔，脸上还有嘟嘟的婴儿肥，片中的他，和叶德娴饰演一对母子，从开始到结束，华仔演的年轻律师与叶德娴演的老年妓女，始终没有以母子相称和相认，但对儿子全心疼爱且不惜牺牲的母亲形象，与出色及人格高尚的儿子形象却相互辉映，感人至深。那部片子也是华仔早期最让人赞赏的电影作品之一，口碑和票房更是双丰收。

如果《法外情》让更多人记住的是华仔演的儿子，那么十年以后,国产片《九香》让我们无法忘怀的,必定是"母亲"宋春丽的身影。中年丧夫,和五个未成年的孩子艰难度日,为了孩子的感情,拒绝了另一位善良男人无私的帮助,凭着自己的顽强,把孩子们都送进大学。当孩子们都已成家立业,母亲却老了,小山村的草房里只剩下孤寂的她,先前的恋人也离开了人世。每一次想到宋春丽捧着孩子喝完玉米糊的空碗,舔着碗壁残渣被儿子发现那一回眸的镜头,就心酸得立刻有泪水涌出来。那是一位含辛茹苦的母亲,堪称中国银幕上经典的"慈母"形象。

到了2006年,我再一次被母亲打动,是西班牙电影大师佩德罗·阿莫多瓦带来的回归之作《回归》!在阿莫多瓦的眼中,女性永远是充满活力的生命,是一切生命的源泉,片中,他甚至让女性得到永生——征服死亡的母亲,以幽灵的方式来到人间,给牵挂的妹妹、女儿和外孙女以心灵的抚慰。看阿莫多瓦独特的戏剧表达,令人心生欢喜,因为平凡的人生竟生出错觉,挚爱亲朋也许可以从往生走来,永远陪在我们身边……这是外国人的奇思妙想!

演艺圈里,很多明星来自单亲家庭,而一旁的"单亲",多半是母亲。梁朝伟、张曼玉、张柏芝、梁咏琪、周杰伦、杨恭如、言承旭、郑欣宜……多到数不过来。不知道,是不是和母亲一起长大的孩子,性格上会特别敏感,更容易耽于幻想,于是更热衷于"戏剧人生"。我一直感觉,在这种环境长大的孩子即便心灵健康，难免带着些许悲剧色彩，那是健全家庭生长的人所无法了解的，是一种宿命。所幸，这些明星，多半懂得感念母亲的好，也常常喜欢在大庭广众中张扬拥有的母爱。

和母亲有关的明星，还有一个人要说，就是非常man的姜文。据说彪悍的姜文有个同样彪悍的母亲。还记得拍完《太阳照常升起》时采访他，他特别强调，母亲也去看了，看完之后，一晚上失眠，琢磨着儿子到底想表达什么。所以儿子非常高兴，因为他就是希望拍一个能让人们思考的片子，"就像人生、爱情一样，永远找不到答案，但不能因为找不到你就不活了！"姜文的电影，也是讲一个母亲的故事，且是一个疯了的单身母亲，也很彪悍，是对于爱情而言！

母亲节最真切的话，是希望我们在70岁的时候，还可以和自己的老母亲一起看看风景，那才是人生最美满的事……

"甜蜜蜜"那个年代

某个深夜,偶然看见电视里在做张曼玉的回顾,好像她已经退出影坛那样,旁白竭尽华丽辞藻之能事,用的都是书面词汇,让人完全记不住,倒是让大家浏览了一遍她主演的经典电影的精彩镜头。

当画面停留在《甜蜜蜜》的那一刻,我情不自禁停下手里的活儿——荧屏上,张曼玉坐在车里,黎明突然跑了出去,因为看见街边他的偶像邓丽君被好多人围住签名,他也挤进人群。衣着朴素的黎明,回眸间粲然微笑,年轻干净的脸,单纯的眼神,还有背景音乐甜美的气息……那一瞬间的感动啊,至今还清晰可辨。

这样的喜欢、这样的感情、这样的人,现在再也没有了!或者说这样的时代结束了!

画外音给张曼玉这样的评语:能把一部平凡的文艺

片演绎到极致!当然,这里面离不开导演陈可辛和男主角黎明的功劳。陈可辛的确是个可以把感情看得很透彻的人,很少有男人这么懂得感情,所以他很长情,可以和吴君如相守这么久,久到对方为他生了小孩。

似乎是在《如果·爱》的拍摄期间,和陈可辛碰到过很多次,香港、北京、上海,甚至杭州。有一次,在北京的鹿港小镇,一大群人约了吃甜品,我和当时北京的男友迟到,陈可辛坐在长桌的那一端,问我们是不是兄妹。现在回头想想,真是佩服陈可辛的感觉。因为那以后还不到一年,我真的就叫对方哥了。在那些聚会中,陈可辛总是很会聊天,他也喜欢说感情,不像多数男人,听见这两个字就马上失语,好像谁要绑了他去剥夺他终生的幸福。

"很多时候,相爱的两个人最后还是分手,是因为爱得不够!就像《甜蜜蜜》里,张曼玉两次离开黎明;《如果·爱》里,周迅最终离开了金城武……"

"几乎每个人都经历过爱情的重伤,我觉得这是爱情中比较幸福的一部分,爱情需要全套的感受……"

这两句话我一直记得。

我们都经历过——因为爱得不够,我们离开或爱人离开了;因为对方的抢先离开,感觉自己受了很重的伤!

《甜蜜蜜》里的张曼玉,几乎不施脂粉素面朝天,却是我见过她最美最真切的容颜。多年以后,在美国街头,李翘看见黎小军骑着单车的背影,那件白衬衣在车流中闪过,倏然消逝,是遗憾和失落;多年以后,在人头攒动的街头驻足,只为再看一眼昔日偶像甜美的音容笑貌,他们重逢,两人脸上渐渐绽开的笑,也是我这一生看见的最甜美的微笑。

所以,电影叫《甜蜜蜜》吧!

长生不老的摇滚时光

人总说熟悉的地方没风景。无数游客都觉得那么美的杭州,如果你日日奔波在车流滚滚或热浪袭人或冷雨冻骨的街头,就会忽略西湖边的良辰美景。没有一颗闲情逸致的心,怎能感受浮于空中的浪漫。

难得休息的周日午后,顶着初夏就已经灼人的艳阳,一个人去了一趟浙江美术馆。说起来真是惭愧,2009年开馆的浙美竟是第一次去,一路问了两回路人,骑着公共自行车的我,估计十有八九像个异乡客。

像我这样的美术爱好者,应该常常光顾美术馆才对。可杭州的美展,难得有让我提得起兴致的。老觉得特别遗憾,这么好的环境,怎么就没把一些世界级名家的展览引进呢?

对于看画展的深刻印象,竟还停留在第一次跟母亲去香港游玩时，在尖沙咀文化中心看的一次法国印象派画展。在内地展览还收门票的阶段，香港免费观展的待遇真让我们受宠若惊。多年以后，美术线口的记者渐渐忙碌起来，不时发一些有关画展的稿件，但多是名不见经传的画家在一些私人画廊做的展览，报道多是豆腐块一样的通稿，因文字的乏善可陈完全断了我去欣赏的念想。尤其是，很多举行画展的画家不过是图个虚名，对他们而言，上报宣传这件事，似乎比绘画本身还重要。这就显得很没劲！我印象中的好画家，是该有些风骨、不在乎名利的。

话说回来，多年以后第一次光顾美术馆，不是为了蔡国强那个拿火药炸出钱江潮、小百花或西湖山水的个人展，说实在的，媒体铺天盖地的宣传，已经让其神秘感尽失。我花了一小时骑单车去看的，其实是一个经典摇滚摄影展。那日是展出最后一天。披头士、滚石、涅槃、平克・弗洛伊德、鲍勃・迪伦、吉米・亨德里克斯、性手枪、大卫・鲍伊、鲍勃・马利等众多摇滚乐队及灵魂人物，六十多张照片以极具冲击力的影像带我们恍若重回20世纪摇滚乐的辉煌时期——震惊世界的 Nirvana 乐队，在27岁时以一把手枪结束生命的 Kurt Cobain，我看见1991年也就是离世前三年的他，演出间歇，拿着大杯饮料微笑，或蜷在一张条凳上酣睡；Bob Dylan 的成名专辑《The Freewheelin' Bob Dylan》那张封面照，年轻的 Dylan

衔一支烟,与前女友、他曾经的"缪斯女神"Suze Rotolo 有些瑟缩地走在车轮碾过白雪的静静街头;John Lennon 戴着他标志性的圆圈眼镜,在1969年的风中沉醉高歌;David Bowie,以一身惊世骇俗的渔网装几乎灼瞎了1973年伦敦舞台之下的观众,也让我们见识了什么是真正的摇滚变色龙……

"所有经典大师,都有青春时代;所有传奇故事,都有一个开始。"摄影展被命名为"少年心气",带我们走近的正是这些摇滚巨星们的青春岁月。空旷而带着凉意的展厅,包括我在内不到十个参观者,有趣的是,都带着相机对着照片翻拍。画中人,已故或健在的,没有任何一个我曾有幸谋面或采访过,我想起上一年春天错过的 Bob Dylan 上海巡演,想着有生之年,或许都没可能再见到他了,包括照片中的所有人!

但是,那个曾为摇滚深深着迷的逝去的青春韶华,必然是我生命中最灿烂的部分,长生不老。

以父之名

这对我来说是个很陌生的话题!

看过一部阿根廷的影片《爱在城市》。故事讲述一个中年女人,暂时离开了小他很多的男友,男友于是结识了一个年轻姑娘;中年女人去看她疏于联络的年迈父亲,老人是诺贝尔文学奖得主。一天,女儿推着老人在公园散步,说起多年来父女关系一直比较疏离的遗憾,老人这样告诉她——其实父母和子女的关系原本就应该冷淡些,因为我们最终的结果是个悲剧,我们必须经历生离死别,也许在一起的岁月不那么亲密,会让最后的分别容易承受些!

这是一个很特别的父亲,所以他得了文学大奖!他后来还是死了,因为生命的衰老。不知道他女儿是不是减轻了一些悲伤,片中并没有表述。

另一件事,是在张艺谋的电影《千里走单骑》丽江首映礼现场。我坐在那个从加拿大花巨资租来的白色球体里,一边看电影一边摸黑写稿子,疲惫忙碌得像一个鬼。就是那时,影片主演,日本国宝级影帝高仓健从我背后走进场,突然回头看着我,说了一句很标准的中文:辛苦了!那个严肃中流露暖意的眼神,我这辈子都忘不掉。莫名的感动,从心流向指尖,真心觉得这个不苟言笑、后背永远笔挺的老人,真好!他在电影里演了一个很动人的父亲,但生活中他却永远失去了做父亲的机会。

那天首映礼的尾声,放了一段录音,是一个父亲写给儿子的信。那封信是这样写的——

我的儿子:

哪天当你看到我日渐老去,身体也渐渐不行,

请耐着性子,试着了解我;

如果我吃得脏兮兮,甚至已不会穿衣服,

耐心一点儿,你记得我曾经花了多少时间,教你这些事吗?

当我一再重复,说着同样的事情,请你不要打断我,听我说;

你小时候,我必须一遍又一遍地,读着同样的故事,直到你静静睡着;

当我不想洗澡,不要羞辱我,也不要责骂我,

你记得小时候,我曾经编出多少理由,只为了哄你洗澡;

当你看到我对新科技一无所知,给我一点时间,不要嘲笑我,

我曾经教会了你多少事情啊,如何好好地吃、好好地穿,如何面对你的生命;

如果交谈中,我忽然失忆,不知道该说什么了,给我一些时间想想,

如果我还是无能为力,不要紧张,对我而言,重要的不是说话,而是能跟你在一起;

当我的腿不听使唤,扶我一把,

就像我当初扶着你,踏出你人生的第一步;

当哪天我告诉你,我不想再活下去了,

不要生气,总有一天,你会了解,了解我已风烛残年,来日可数;

有一天你会发现,即使我有许多过错,

我总是尽我所能,给你最好的;

当我靠近你时,不要觉得感伤、生气,或埋怨,

你要紧挨着我,如同当初我帮着你展开人生一样地了解我、帮我;

扶我一把,用爱和耐心,帮我走完人生,

我将用微笑,和我始终不变的爱,来回报你;

我爱你,我的孩子!

我是屏气凝神听完这段朗诵的,听得我泪流满面。这是否也是所有年迈的父母想对孩子说的话?据说写下这段话的是一位墨西哥诗人,他有着怎样一颗敏感的心啊!

这篇文章,也许仅仅是想抄一遍这首诗,与更多的人分享。

多想见你一面

又下雪了,细密急促的雪片,在凛冽的风中飘飞。是南方少有的寒冷。楼下放假的孩子呼朋引伴地欢笑着,想必兴奋地打雪仗去;西湖的景致自然很美,有城中的年轻人竞相用相机捕捉冬日雪景。

另一边的消息是,春节前南方因为雪灾天气,令大批返乡的旅人滞留途中。赶在春运的人潮中,三天里往返了两次上海,都是为了采访。两次都是夜归,看见雨雪交加的火车站,满目都是等待的人,目无表情或者殷切期盼。很久远的记忆泛起,多年以前,自己也曾夹杂其中,等待回家的路途总是疲惫而漫长……

那一晚,我远在北方的朋友很想我可以去看他,因为拍戏,他也回不了家了,说已经预订了机票,情绪极其沮丧。我在深夜上网,查看通往他所在地方的各种交通工具,没有直飞的航班,即便从北京转机,通往他那边的火车和汽车也很难买到票。我跟他感慨:"这真像是'乱世'!"我以前喜欢这个词,感觉乱世总会生出一段张爱玲式的"倾城之恋"。而现在,我握住冰凉的手机,发给他的话变成:"'乱世'于我而言,就是不得相见!"是的,从没有像那一刻,我们渴望见到彼此!

上海的女友嘲笑我,说你以为范柳原和白流苏就不是当年的"民工"吗?眼前,却出现了《滚滚红尘》的电影画面!好像杜拉斯也是有着与张爱玲同样情结的人,她对张说:"我们一样疯狂,一样急于逃脱,一样热切地盼望死去,我们是人类智慧的畸形,我们的不幸是众人的不幸,我们像灵魂一样活着。"

《滚滚红尘》中有两个场景——林青霞和秦汉,在拥挤混乱的码头,两个人只有一张船票,男人心智迟钝,不知道女人心怀的愿望。他们被逃难的人群冲散,画面中是两双情真意切的眼睛,一双焦急寻觅,一双是了然于胸的牵挂。那部电影看过之后的很多年,我遇见一个男人,我们一起去上海参加一个时尚派对,都是顶级的设计师和明星,被装饰成冰岛景致的派对,装进了超过五倍的宾客!我们几乎快被人群挤扁,手紧紧相握,不敢分散。好不容易站定,有个摄影记者问我的男友:你们,可不可以让我站在中间,只拍一个镜头?男友说:不可以。因为一旦我们分开了,就会被人群冲散,会找不到对方!这个男人,是我深爱过的;而因为这句简单的话,我会记得他一辈子!

另一个场景,是"红尘"中的张曼玉,因为爱情,跟着男人去革命,最后断送了自己年轻的生命,留下阅尽世事沧桑的林青霞,独坐床边,黯然神伤。张曼玉那张欢颜,无忧而喜悦,在门外探头进来的最后一眼,看得人心都要化开来。这也是乱世中的一段爱情,义无反顾到没有任何想法。是我喜欢的,却是现世没有的!

我看见报上有条消息在分析,离婚、闪婚、复婚的数据摆在那里,都想证明一件事——婚姻和感情,在今时今日,变得那么轻率。唉,不是乱世的情感,因为太平静、太富足、太随便,变得太轻易获得,也太容易失去!

望着窗外白茫茫一片时,我忍不住哼唱娃娃的那首歌《漂洋过海来看你》:为了这次相聚/我连见面时的呼吸都曾反复练习/言语从来没能将我的情意表达千万分之一/为了这个遗憾/我在夜里想了又想不肯睡去……

想见一个人,原来在不缺钱的年代,也这样的艰难!远方的朋友说,什么时候,你唱给我听吧!

没人能誓言相许永不分离

新年,太阳照常升起。记忆,却依旧停留在 2008 年的最后一天。

这座城市将 2008 的最后一场演唱会交付给了齐秦。此前很多天,周围的朋友就说,齐秦的演唱会,是一定要去看看的。因为我们最青葱的岁月,是与他的歌声为伴,那些年少的忧伤和欢喜,几乎全部可以他的歌词为证。

差不多十年前,和一帮女友特地赶去上海万体馆听齐秦的演唱会。那时的小哥一如他印在磁带上刚刚进入大陆的样子,不羁的长发、细瘦的皮裤,狂野,深情,歌声如剑,动人心魄。那时的我们才学会怀旧,懂得假模假式地感慨岁月飞逝,却还任性地以为,青春就是用来挥霍和浪费的。

多年以后,中年的齐秦剪了规矩的短发,在台上用大段的时间和他的乐队坐在一起低吟浅唱；开始习惯唱歌之前跟歌迷们聊些人生感悟……

这一场岁末的歌会，我等了很久。入场前，站在起风的体育馆外，思绪飘回到了学生时代。第一次花了近十块钱，买下他的《大约在冬季》，磁带的外壳是浅紫色，包装精致，按下随身听的瞬间，是渴望已久的令人着迷的歌声。"你问我何时归故里，我也轻声地问自己，不是在此时，不知在何时，我想大约会是在冬季。"那时候，应该有很多情窦初开的女孩，身边都有一个一心向往流浪的男孩这样对着她们唱吧？

"曾经爱过却要分手，为何相爱不能相守，到底为什么……既然说过深深爱我，为何又要离我远走，海誓山盟抛在脑后……"跟着齐秦唱起那首《原来的我》，我看见身边的人们一脸沉醉，唱得心神恍惚，唱得热泪盈眶……那些生命中深深爱过的人啊，就像这久远的歌声，早已属于记忆，回头已不见岸！再后来，看见他唱《悬崖》，大屏幕上是曾经相爱十几年的女友王祖贤，赤足奔跑在空旷的大路上，看得人万分唏嘘。这两个人，三次的聚散，却最终没能如愿在西藏修成正果，真的是有缘无分，谁又能明了其中的无奈或无情！

人真的是因为老了，心才变得脆弱。齐秦在台上怀念三年前的岁末，虹乐队在演唱会上失足坠台身亡的伙伴，忍不住潸然泪下。明知道应该是辞旧迎新的一场欢歌聚会,他却忍不住说起"离散"的话题。

我这个人,从小到大,离开出生地,去不同的城市上小学、中学、大学,游牧民族般自由的表象之下,其实是一颗不安惶恐的心,所以,我讨厌别人说"天下没有不散的宴席"这样的话,也惧怕接受朋友离散这样的事实。巧的是,就在去听演唱会之前的一个小时,我关系交好的女同事,突然跟我说她要走了,心顿时空落落的。我们年岁相当,看着她结婚怀孕,很强的妊娠反应却坚持坐公车赶很远的路来上班,然后跑去洗手间吐;后来她转型做摄影记者,每次看见她瘦小的身影淹没在一群大男人中间,都很佩服她的倔强。我们都是喜欢旅行的人,会聊起西藏、越南、印度这些心仪的地方;有时一起去采访,我们会轻叹,记者这个职业真的是个体力活啊!我们并没有很多的交流,印象中的她永远寡言安静,有个美满的家。还有,去年我生日那晚提早下班,是她送我回家的……

"你为什么不愿意留下来陪我,你是不是就这样轻易放弃,花开的时候就这样悄悄离开我,离开我离开我,太多太多的话我还没有说,太多太多牵挂值得你留下……"年少的时候,你有没有为了留住心爱的男孩或女孩哭着唱过这首歌?而他们是不是好像从未被打动过那样毅然离开?

多年以后才终于明白,有些离散,不是谁心痛了就可以避免的。

有些记忆写给未来

凌晨 4:30 左右,天空基本仍是一片黑色,像真正的夜,如果是深秋,在南方城市,可以吸进淡淡的凉意。经常还来不及进入深度睡眠,就在这个钟点被迫起床,因为要赶早班机。

清晨 7:30 左右,晨曦渐现,小区的湖边有早起的老人孩子,偶尔有杂沓的脚步声在身后响起。我穿宽大的 T 恤,散步到门口小吃摊买油条豆浆,拎着滚烫的塑料袋回家时,就发现一天的开始有多好!

之后很多个时段,午后 3:00 出门,天空有时艳阳高照有时黯淡蒙灰,如果骑单车,会在汽车经过时屏住呼吸;傍晚 6:00,天色渐暗,街上总是嘈杂拥堵,依旧远离清新气息;深夜 11:00,或者更晚,夜归途中,会遇见路边摆摊做夜宵的人,一脸寂寞,眼神无光;也有流浪的老人,踽踽独行,蓬乱的白发下,看不清疲惫无望的脸,不过,这时候可以深深吸进夜的味道,甘凉,也透着未知的惶恐……

对我们多数人而言,所谓庸常岁月,就是这样过下去的吧?

前段时间,因为突然有很多电影的宣传,不得不过上空中飞人的生活。从一个城市飞到另一个城市,夸张的一次,是一天里北京宁波飞了个来回,以至于那天的采访对象陈凯歌对着我们这群电影记者感慨:记者的工作真的很辛苦,我简直不能想象你们这样一天飞一个地方赶着采访……

之后的一天,在北京采访冯小刚为新片《温故一九四二》做的展览,当晚飞合肥采访金鸡百花电影节,还有四个多小时,跟同行闺蜜何娅想了半天,去了798,理由是——写稿子需要情怀,挤在熙来攘往、兵荒马乱的候机楼,人没有感觉了。于是,那个下午,难得在我们常去的一家书吧,喝着滚烫的红糖姜茶,嗅着窗外北方深秋干爽冷清的味道,写一个大饥饿年代的故事……

那天在迅速降临的暮色中,我们仓皇等着迟迟不见的出租车,生怕错过航班。两小时后又在灯光青白的机舱里,安稳呼出一口长气,打开北岛的《城门开》,看他笔下三十年前朴素原味的北京城。环顾周围昏昏欲睡的同机乘客,一时有了不知身在何处的恍惚。在飞机骤然的颠簸中,镇定地端坐,心中竟也毫无恐惧。过道另一边的何娅探过头来,让我讲刚看过的一部电影给她听。我们就在空姐间或的穿梭中,不断被打断,再重新续上话题。

　　一直都很矛盾,这样的生活,几时可以结束？或者,一旦真的结束了,会有多么难舍？人在很多时候,脑子里其实从没有想清楚什么,但是一些细节,却深如烙印,构成日后难忘的记忆,或许在某个瞬间,会改变我们,甚至我们的人生。

出去一下

远在英国的好友王一冰半夜来电话,问我是否从青海甘南旅行回来了,我说刚到家。她在那端又羡慕又感慨,说前阵子看了一本书,书名就叫《出去一下》,作者是一个很普通的都市人,有一天开车出门,原本只是随意出去一下,不知不觉却去到了一个世外桃源,于是,留在那边,写了这样一本书!

越来越多的都市人,喜欢上"出去一下"的状态,当然最后都回来了。我属于那种经常"出去一下"的人,这个盛夏,去了一直想去的青海和甘南。回来立刻有朋友说,你真是快乐啊!艳羡之情溢于言表。我说你也可以,所有的生活,其实我们都有得选。快乐有时候得来那么简单!

回来在家安静待了一整天,读郑秀文写的《值得》,关于她自己的故事，尤其是那段感情事业低潮期的剖白，有挣扎有自省有领悟，最后是走出去的海阔天空。书里写道，在她最抑郁的日子中，备受困扰的就是怎样才能快乐。得出的结论是，名利、金钱、美貌，似乎都跟快乐无关。她终于发现，即便拥有一只六万八千元的包，也不能令自己成为更好的人！

　　我们见到的这个光鲜亮丽的明星，生活中甚至连一口早饭都是毒药。"我早已习惯挨饿，胃部于我来说，仿佛是身体上多余的器官。吃饭于我来说是罪不可恕的奢侈。那个清晨，我确实特别伤感，为的不仅是那口吃不得的热饭，更是为了我经年累月渐渐失去的快乐本质。我思考着：如果人生只是不停地'榨干自己'来取悦成功、取悦别人，这种人生能为世界留下什么有价值的价值？"

　　终于，在拍完那部争议四起的《长恨歌》之后，她选择了一个人安静生活。34岁生日时，她去了土耳其，后来，她又出去了很多次……从单纯的观光旅行，到去四川地震灾区、彝族贫困山区，以及更远的埃塞俄比亚……她早已深知，单凭自己的微薄力量，并不能改变沉溺于苦难中的人们，不过，那整个过程心灵的体验，对她个人而言，弥足珍贵。

　　第一次，通过那些文字和绘画，稍稍见识到这个女人娟秀聪慧的内里，原来并不像她的外表那么单薄无力。

　　如同我在拉卜楞寺的清晨，在步出经堂的某一刻，跟千里之外的闺蜜不期而遇一样——你不得不相信,相逢的人总会再相逢,说的是有些人之间的一种投缘和相惜吧!我看Sammi的《值得》,从中看见很多似曾相识的感觉。孤单、迷惘、寻找、执念、宁静……而很多感觉,都是在一个人的旅途中偶拾。

想到王一冰让我形容一下青海之行的感受,我只说出两个字:大美——是适合我这样的人去的地方,在开阔的大路上,看大美的风景,爱和恨都很浓烈。

躺在自己洁净柔软的大床上,突然那么怀念在青海湖边蒙古包借宿的夜晚,繁星如海,摄氏六度的低温,裹上外衣和棉被依旧浑身冰凉,蚂蚁钻进衣服爬行在肌肤上,蜘蛛停在枕边悄然窥视,而我,却可以安然仰卧,用一只光线微弱的"手指灯"照明阅读……

出去一下,就出去一下,可能你会发现,外面,果真是海阔天空。

以吻封笺

这应该是一封哪儿都寄不到的信——正因为哪儿都寄不到才有意义。因为,这封信是写给已经不在人世的他的。

藤井树:你好吗?我很好。渡边博子

信的内容不过如此。反复考虑,揉皱了很多张信纸,最终写成的信只有这几个字。博子自己也觉得很奇怪,但她却喜欢这么短,这么简洁。心想,他肯定也会喜欢的。

博子把这封信连夜投进附近的邮筒。它像奇妙的精灵在邮筒底部发出了微弱的"沙"的一声,结束得意犹未尽。这是在藤井树的忌日里,博子的一个阴谋。雪依旧纷纷扬扬地飞舞在夜空中。

应该没有人对岩井俊二的《情书》陌生吧?无论是电

影还是小说,《情书》真算得上关于"情书"的最美、最值得眷恋,又最让人黯然神伤的作品。

又快到情人节了!这一天,你有太多事情可以做,唯独手书一份款款情深的信件,久违且生疏。

还记得你写出或收到的第一封情书是什么时候?之后你接着写过几年?或者,你从来就没有寄出过一封情书,当然,也从没收到过。

深夜的寝室里,迟归的自己悄然立于桌前,手按下去的地方,正是一天中所有的期盼:一封情书——大学时代,你可曾有过这样的经历?你还记得自己的信箱号码吗?记得负责取信的团支部书记那张婴儿肥的笑脸吗?记得躲在熄灯后的被窝里举着手电把一封信看到烂熟的甜蜜心绪吗?

渡边博子:你好。我也很好。只是有点感冒。藤井树

这是《情书》里藤井树的回信。博子后来才知道,此"藤井树"不是亡故的男友,而是他中学暗恋的、与他同名的女孩回复的。她们终于见面后,真相大白了,原来,博子长得跟女藤井树一样!

"纸短情长,以吻封笺。"能这样说,必定深藏很多情感。有简短如此的情书,也必有洋洋洒洒的,更有古今中外被传为佳话的情人之间的书信札记——萨特和波伏娃,茨维塔耶娃和罗泽维奇,卡米耶·克洛岱尔和罗丹,

徐志摩和林徽因、陆小曼……写信的人虽不在人世，但从信中可以看到的，除了心悸的爱恋，还有甜蜜的忧伤，或者深深的哀恸。那是离我们遥远的爱情，有情人未必长相厮守。热恋如你，能体味书信者的心情吗？单身如你，会看得更加唏嘘怅惘吗？

"爱并不是一种可以计量的物质。世界上总有地方还有更多的爱，即使一个爱失去了，也绝不是没有可能找到另一个爱。"以保罗·奥斯特的话相赠，情人节快乐！

天使，望故乡

北方的午夜，空气清凉，裸露在外的胳膊是冰冷的感觉。走在那条熟悉的街上，日式建筑的小洋楼，梧桐叶子映在阑珊灯光下，几乎没有车辆滑过，一切都很宁静。

我站在一幢三层楼的旧式房子前，紧张到快要窒息，心狂跳不已，一股热流冲上眼眶。这里，曾是我从出生起到离开住了 11 年的地方。

有多少人这一生是不必离乡背井的？如果从出生到死亡，永远生活在故乡，对一个人来说，到底是幸福还是悲哀？每个人一定理解不同。其实，离开或久居，都是命中注定的，至少我这么感觉。一直喜欢做各种心理测试，有一道题目，好像说星期几出生的孩子将会怎样，而我测出来，是要远走的。果真如此！

写下这些时，我正坐在大连初秋的艳阳下，面向大海,听风看云。这里是我的出生地,就算我的父母都是南方人,但是我一直说,你出生的地方,就是故乡。好像我们的护照,只填写出生地,而不是籍贯。"大连"这个词,在俄语里称作"达里尼",意味"远方"的意思。我生在"远方",最终走向更远方……

　　重返故乡,直奔儿时住过的旧居,那幢小楼外表已经衰败,于我却熟悉而亲切——小姑娘时不敢探出的大门,原来那么窄小;夏天晚饭后聚在一起听鬼故事的那棵树,不知道是不是从前那棵;印象中漫长幽深的楼道,原来那么短促;楼里的住户早都换了好几茬,从小看我长大的大爷,前两年已经过世。而我三楼的家,居然门牌没换,依旧木门木窗,保留着俄罗斯建筑的坚韧风格。屋里的小男孩,和我当年离开的时候差不多大,对于如此冒昧敲开他家门的陌生女人,居然毫无戒心地迎我进去坐。于是,我看见我小时候趴过的窗台、姐姐藏零食的橱柜、厨房的灶台,甚至黑色大理石的水槽,都是原来的样子。几分钟后,男孩的父亲回来,也和儿子一样毫不介意我这个突然的造访者,一边和儿子说着朝鲜话(他们是朝鲜族人),一边不好意思地解释,因为妻子不在家,没有收拾太乱了。我却心怀感激,显然,这里曾经住过的每一户人家都是淳朴的,淳朴到乐于保留旧日主人的风格,直到岁月流过那么多年……

　　我在按下相机快门的那一刻就知道,留下的仅仅是一个画面,时光是回不去了,记忆如疼痛的烙印,挥之不去。多么不可预知的人生,我们一路奔向未来,承接全新的生活,却像某部科幻电影,某一天竟带你穿越时光隧道,把你打回最初的轨迹!这是伤感和无奈的,也是神奇又充满惊奇的旅程。

天使,望故乡!是英国著名诗人弥尔顿的一句诗,美国作家托马斯·沃尔夫借用它作为书名,写了一本关于故乡、关于成长的书《天使,望故乡》。这本小说一直放在我的枕边,因为觉得,很多时候,故乡真的只能遥望。每一个对它充满眷恋的人,都拥有一颗天使一样念旧而纯真的心。

我愿如你目光如炬

慕名去浙大听陈丹青的讲座"阅读与青春"。冒着冬雨的夜,与同事穿越整座城,在拥堵的车流里,看下班归家的人行色匆匆,随波逐流。冷雨流过车窗,将前方的路迷离成遥遥远方,不知归处。车上的我们,难得怀了一颗期待的心,目标明确。

我一直相信,人生的每一刻都有意外和惊喜,不期而遇是最高境界。这一场人满为患的讲座,于我而言,在看见背景板上"客座嘉宾许志强"几个字时,主角就已经变了!

许志强是我大学一年级写作课的老师,我们中文系语言文学班女生对他的印象,几乎无一例外——因钦慕他的才华而暗生少女情愫。当年的他像极了"来自北方的狼"年代的齐秦,有时穿军装,又很有崔健的摇滚范儿。

但这些都不足以吸引我们，最具魅力的是他讲的课，你不知何以就被深深吸引，被带至他希望你去的地方。

二十年后，我依旧记得他给我们讲汪曾祺的《陈小手》，一个妇产科男医生，"他的手特别小，比女人的手还小"，因为给难产的团长老婆接生碰了她的身子，落得个被打死的可悲境地。还有一篇是台湾作家陈启佑的《永远的蝴蝶》，一对恋人，在缠绵的雨天只带了一把小伞，女孩替男孩到街对面去寄信，遭遇车祸身亡，而她永远都不会知道，信的内容是男孩写给母亲的：妈，我打算下个月和樱子结婚。车祸的瞬间，男孩感觉"樱子的一生轻轻地飞了起来，缓缓地，飘落在湿冷的街面上，好像一只夜晚的蝴蝶"。

我很吃惊，自己竟有那么好的记忆，不但记得他当年讲课的神情、停顿的语气，以及缓缓的手势，还背得出文中的那些话！或者，根本不是我的记性有多好，而是他的表述太精彩，烙印一样深刻脑海。后来的文学课老师，有才子级别，也有德高望重者，我却再没遇上把课讲得那么有感染力且动人的老师。算起来，当年的许志强，不过23岁，还算是个极年轻的男孩！

那时学文学的女生，害羞而浪漫，心里怀着小小的喜欢，不过都是暗自的欢喜。还记得难得有一晚我独自一人在寝室看书，许志强突然来送作业本，猝不及防中我竟忐忑到无语，他也有几分尴尬，就这样作别，彼此甚至来不及说上一句完整的话。后来,他与我们班一个才女恋爱,再后来,我们熟悉成"亦师亦友"的关系,说起那段往事,都不禁莞尔——原来,大家当年都揣着一颗少年羞涩的心。

多年以后,当我再度坐在台下听许志强讲木心这个人,"他的耳朵像婴儿的脚掌,他的眼睛晶亮,像黑丝绒";听他流畅而娴熟地引用木心的文字,"人应该时时怀有一种死的恳切",我竟激动得要涌出泪水来,那些浮生往事啊,似乎全部随时光倒流而至。在时间之河的这一边,我当年仰慕的老师竟从未老去,依旧用闪亮的眼神望向远处,似沉浸在自己的世界,却牵引你跟他一路向前,无需看前方的路;他依旧那么有激情,在打动你之前,自己早已入戏。那种景象正验证了一句话——年轻是一种品质,与年龄无关!

身边年轻的同事感慨:好羡慕你呀,居然有这样的老师!闺蜜看我发微博,急急回应:再来杭州,还有一件事必须补上——去听一堂许老师的课。而当年的校友也忍不住回忆:当年他戴白围巾,眼神幽黑……

那天,他说到木心寄望当年听自己文学史课的几位艺术家学生——我要上课,就是要让你们离开我之后,依然目光如炬。多希望自己也能成为那样的学生!

梦想不死的
孩子

PART
4

今夜，我只想你

你离去以后，很多年来，南方姗姗来迟的春天都会在这一天绽放出一缕阳光。风从远方吹来，不知道是否自山海关的那端，飞跃千山万水而来。

1989年之后，每一年的3月26日，都会有很多热爱诗的人想起你，想你的时候，便会翻开早已翻旧的你的诗集，手抄的笔记，或者是装帧简朴的书——来自你那个年代。

对于你的记忆，每个人都不尽相同。现在的很多孩子都不认识你这个名字，因为在人人都忙着升官发财以示成功的现世，诗歌早就死了，这样想来，你过早地于25岁结束生命，是不幸中的另一种幸运吗？至少，像你这样几乎为爱情、理想和诗歌而生的男人，不至于因见识此刻的俗媚而更加绝望。

关于你——海子，这个名字于我，于当时我身边的伙伴而言，注定与死亡有关。确切地说，最想了解你的那一刻，你年轻的生命正像一只蝴蝶，轻巧地携灵魂飞离肉体，在北方早春寒凉的黄昏，沿着那段孤独的铁轨扬长而去……那一年的那一天，几小时后，在江南的夜色中，我和班上最要好的女生，第一次与新认识的男孩相约去了杭州植物园，爬上某个园林建筑的屋顶，一知半解地听他们无比悲痛地陈述你的死讯，然后不知所措地凝望星空，期待一场适时的大雨如约而至。那晚，就读于美院雕塑系的年长男生对我轻语：闭上眼睛，听雨水坠落的过程！那些日子，每个年轻孩子都想成为诗人；而诗意的生活，简单到可以从一株含苞待放的玉兰开始。

你死了，我们很多人才开始迷上你的诗，以及你简单的人生。就因为你的一句"姐姐／今夜我不关心人类／我只想你"，我从此记住了一个叫做"德令哈"的地方。多年以后，我差不多快老了，站在青海湖边发呆，心意坚决地执意要去这个地方，就算它只是柴达木盆地东北边缘的一座小城，但因为蒙语中它是"金色的世界"，因为你那首《姐姐，今夜我在德令哈》，我几乎对此生出情结。

更不必说人人都知道的"面朝大海，春暖花开"，这也成了所有忙碌却又碌碌无为的俗人们心灵深处的梦想。可是，梦想如果只是梦与想，又有何意义！你活着的时候，就被很多人视为天才诗人，可是你短暂的人生，却与贫穷、失意、不能完满的爱纠缠。太多时候，我们忘了你不过是个二十多岁的男孩,你对生命、真理、爱情、死亡的追问,让我们忽略了你其实过于年轻,自然会被疑惑困住。我们如此推崇你,因为你对农村生活的一切充满感情,你那些关于麦地的诗,哪一首不是饱含深情!你天真、敏感、善良,固执地相信世上存在真正的理想主义生活,存在真正的爱情,以及对于人类尊严的尊重;在你眼中,诗歌是有神性的……所以,你注定在任何年代都是孤独的,如你吟诵的那样,"我的孤独如天堂的马匹",就算有那么多人欣赏与追随你的诗,你的孤独永存。

后来的记载中,说你卧轨自杀的确切地点在山海关至龙家营之间的一段火车慢行道上,你于前一晚到达,徘徊了一整个白天,终于在夕阳西下时分,将单薄瘦小的身体摊放在冰冷的铁轨上。你身边带了四本书——《圣经》,梭罗的《瓦尔登湖》,海雅达尔的《孤筏重洋》和《唐拉德小说选》。关于你的遗书说法很多,但有一句话人们普遍认可——我的死与任何人无关。

春天
十个海子全部复活
在光明的景色中
嘲笑这么一个野蛮而悲伤的海子
你这么长久地沉睡究竟为了什么

这是你生前写下的最后一首诗。那么,你这么长久地沉睡究竟为了什么?是为了很多很多年后,仍然有很多很多人记着并思念你吗?

天赐良人

据说江南水乡的风俗,冬至之夜有全家人欢聚一堂吃赤豆糯米饭的习俗。

2011年12月21日,冬至前一天的凌晨3时,在江南水乡乌镇,一个老人最终没能看到翌日午后淡淡的暖阳,当然,孑然孤独的他,也没有家人候着他一起吃一碗温软的赤豆糯米饭。

生命在84岁高龄徐徐终止,对于木心先生来说,或许也算是一种完满。尽管,他走得有些突然,孤单的魂魄,在这寒冷的冬夜倏然远去,也更显几分凄惶,但是,世人接踵而至纷纷的追念和祭奠,又让他的离世平添几分热闹和欣慰。

这是怎样的一个人呢?照片上的男人,高大,挺拔,气质端然,有一张清癯的脸,眼神深邃,左颊一颗醒目的泪痣,恍若诉说沧桑岁月缠绵的故事。这是一个典型的文艺男人,俊朗如画中人般,失了人间俗世的烟火气。而他的经历,也果然沾染传奇色彩,一路被他人评议……

79岁时,木心的第一批文集才出版面世。也差不多就在那时,不少内地读者从陈丹青口中听说了这个名字,溢美之辞几乎无人能出其右——"我可以想象不出国,但无法想象出国之后我不曾结识木心先生"。他对"师尊木心先生"的那些力荐,更是迅速为我等学识浅陋之人扫盲。著名作家陈村也以"读其书如遭雷击"来表达对木心作品的惊艳;阿城、陈子善、何立伟、梁文道等文人,也都是心怀景仰地激赏先生的才情。

绘画、写诗、作文,三者兼得的能量,各自散发魅力。只是,经历过动荡岁月的木心,20世纪80年代初就去了美国,就此在"墙外"盛放,却不为国人所知。其实,自1986年至1999年,木心出版了12本小说、散文和诗集,包括《散文一集》《琼美卡随想录》《即兴判断》《西班牙三棵树》《温莎墓园》《巴珑》《马拉格计划》《素履之往》《木心散文选集》等。在20世纪的中国画家中,他是第一位画作被大英博物馆收藏的人。人们这样评价他——在中国现代文学史之外,在我们目所能及的中文书写中,木心先生的个人生涯有如"文学不明飞行物",成为五四新文学以来的孤例;这是一道被集体性故意忽视、被戏剧性搁置的文学景观;更高的评价称其为"我们这个时代最富于传奇和启示的作家"。

  2006年,木心先生应故乡乌镇的盛邀,回国定居。这位79岁的老人,终于揭开神秘面纱。虽然在白墙灰瓦、庭院深深的"晚晴小筑"深居简出,但依旧有学生陈丹青,以及出版社、文学界人士不时叩访,当然,也有年轻的文学爱好者冒昧打扰,老人都一一善待。于是,人们有幸亲身见识到他高贵而老派的言谈、丰厚而智慧的学识,连带他近乎专注的讲究——无论是自己的穿衣打扮、家居布置,还是身边助理的外貌,他都算是个对美有要求的老人;而低调、私密、略微的孤僻和自恋,也好像是这位文学漂泊者与生俱来的……

  "我曾见的生命,都只是行过,无所谓完成。"

  "从明亮处想,死,是不再疲劳的意思。"

  木心先生写下的很多字句,被人们珍藏为"语录"。这两句,是他关于生命与死亡的简短而直接的诠释。

随你走遍万水千山

她曾说：用一转身离开，用一辈子去忘记……

结果，1991年的冬天，她在新年之初的日子，一转身离开尘世，留下身后的人们，却是一辈子无法忘怀她这样一个女人。

她是很多热衷文学、追求自由的年轻人最喜欢的女作家；她长发长裙的流浪气质，胜过所有造作抢镜的女明星——我们喜欢她，除了因为她斜斜从笔端流溢出来浪漫、敏感的文字，更是其中饱含了对人性、自我、放逐的歌颂，那绝不是小女人的呢喃私语、感时伤怀，而是抒发着"万水千山走遍"的大美与感悟。

1991年1月4日，台湾著名作家三毛，以一根丝袜将自己的生命定格在半空。那一年正好是她的本命年，离她的生日还有两个多月。台北的冬天没有雪，所以，她倏然的离世，包括选择离开的姿势，都不似她的作品那样，带着一种传奇的美。

任何一种死亡，都不可能美。

对所有熟悉她的至爱亲朋，或者我们这些仅仅从书中认识她的读者而言，这种"人为"的死，是惨烈而黯淡的，带着一种无法抹去的疼痛。

三毛流行的年代，是大陆文学青年最活跃的年代，也是精神追求被奉于至高无上位置的年代。那个年代，理想、真理、自由、爱情，甚至革命，是被很多年轻人津津乐道、孜孜以求的。而环顾周围从文青时代走过的人们，拥有一套三毛作品也是再普遍不过的。与其说我们热爱她的故事，不如说我们是被故事里的传奇人生所打动，遥不可及的撒哈拉沙漠、英俊多情的异国潜水青年、灼热艳阳下的奇异之旅、率真女作家的大悲大喜……于当时只能从书本中汲取西方思潮的年轻人来说，三毛的故事，如同她的人生，真真假假都不重要，重要的是，一切都像一扇忽然打开的窗户，我们被一阵无比清新而有力的风裹挟，也想随之追逐自己的梦想。

从那些书里，茫然无助时，我们懂得了——"真正的快乐，不是狂喜，亦不是苦痛，它是细水长流，碧海无波，在芸芸众生里做一个普通的人，享受生命一刹间的喜悦……"情窦初开时，我们也会有那样的感觉："我颠倒了整个世界，只为摆正你的倒影……"经历世事后，我们终于明白,"爱情,如果不落实到穿衣、吃饭、数钱、睡觉这些实实在在的生活里去,是不容易天长地久的……"追名逐利后,我们终于认清,"不管这件事有没有结局,过程就是结局,让我尽情地去,一切后果,都是成长的经历……"

还有,你可曾留意到,关于三毛自己的生命,其实早有了答案。她说:假如我选择自己结束生命这条路,你们也要想得明白,因为这对于我,将是一种幸福。

在三毛离开的二十多年中,或者以后更久的岁月里,有那么多热爱她的读者从未忘记关于她的一切。她若有知,是不是也会颔首浅笑,自觉这也是人生的一种完满与幸福!

一面之缘陈忠实

一身灰色西装,脸上的皱纹刀刻一般清晰,左手夹半支标志性的雪茄,任何场合都不变的陕西话。极少在公众场合露面的陈忠实,出现在陕西卫视改版开播仪式现场时,几乎是悄无声息的。看他落座于各方领导之间,安静地看台上的演出,那天压轴的,是来自陕西华阴的老腔艺人们表演话剧《白鹿原》片段。看自己的作品被演绎得粗犷轰烈、震撼人心,激起四周掌声一片,那一刻,陈忠实脸上露出难得的笑。

活动结束,我跟着老人,在电视台某个天井一样的逼仄空间等他接受采访。说是采访,毋宁说是聊天。那个上午,抬头看得见一方蓝天,空气微凉,都是他抽烟的味道,一支接一支,无法散去。我们面对面站着,聊得有些久,我一直企图在笔记本上记一些作为作家的他精彩的话,后来才发现,那些话,都很难发出来。他自己也知道,一脸无辜却了然的样子,像是说——你看,告诉你了吧,这些话媒体是不能写出来的。

当然,有关《白鹿原》的可以。《白鹿原》也是陈忠实绕不开的话题。在他看来,《白鹿原》若被改编成电影、话剧和秦腔,都会受到时间和篇幅的限制,电视剧最合适。至于电影版权已经卖给西影,他倒不愿操太多心,表示自己的责任就是协助编剧把剧本改好,也不会参与选演员的工作。而版权具体卖了多少价,他笑着一副坚决不透露的表情。"其实我不在乎这个钱,就希望把电影拍好。"

感觉这位实力强劲的老作家近年来鲜见新作,这是第一次听陈忠实说:写不动了,老了,不会再写大部头了!意味着《白鹿原》成为他的长篇封笔之作。他还说,现在的自己更喜欢写散文、短篇小说,偶尔给报纸、杂志写专栏,当然新作也将不断结集出版。

彼时,诺贝尔文学奖刚刚揭晓,陈忠实很坦白称自己并不太关注。至于可以推荐的新书,他想了一会儿说,那就去看帕慕克的那本书,叫什么?我提醒他,是《我的名字叫红》。

从不用电脑、坚持用钢笔写作的陈忠实,不看任何网络作家和类似韩寒、郭敬明等80后作家的小说,但他会注意报纸对他们新闻的报道,知道他们很受欢迎。相对于传统作家辛苦码字一辈子都不可能一夜成名的状况,年轻一代作者太容易走红，不过陈忠实完全没有心理不平衡的感觉。在他看来，靠一本书红了，能赚钱很好，市场经济就是这样，每个人有自己的生活方式。但作家想发财很难。

那一年，他64岁！此后十年，他默然沉静。与《白鹿原》有关的新闻，净是电影主创王全安和张雨绮荒腔走板、沸沸扬扬的八卦消息，看得人瞠目结舌。

写作好像嚼一块口香糖

"到了我这个年纪,越来越会感到孤独。它一天天地来,而生活还要继续。这些时候,我觉得唯一可以信赖的就是母亲,但是母亲终有一天会离开我们,于是还有——母语。它才是会陪伴我们一生的,千万不要小瞧了这种陪伴。所以,读书的意义,就是为了好好地活……"

以一个男人的标准而言,毕飞宇绝对称得上非常帅。瘦,高,挺拔;养狗,爱喝咖啡,热衷运动;幽默,很 Man,又讲究绅士礼仪;最主要的是,还那么有才华。这样的中年男人,基本在中国属于珍稀物种。

认识毕飞宇,是报社在"世界读书日"做活动,他是被邀请对象之一,同时被邀请来的还有他的好友、作家苏童。两人都住在南京,还离得很近,报社派了车和一个年轻女记者去接他俩,女孩刚参加工作不久,属于特别爱笑的那种喜庆性格，一路上跟两个大男人一起聊着一档火爆的电视相亲节目——2010年几乎人人都看过的《非诚勿扰》。后来女记者写到这一段细节，据说还令苏童不太愉快，大意是暴露了他也看相亲节目云云。其实作家更得看尽世间百态才对啊，否则怎么创作不同角色呢？彼时，毕飞宇尚未凭《推拿》获得茅盾文学奖，那是翌年8月的喜事，还差十个月。

那一次的活动是开放式的，在杭州昔日繁华无比之后衰落冷清的解放路上的新华书店举行，朗读会场因这个长得帅、口才一流，还足够亲和，甚至不时来点幽默的作家，洋溢出一股热气腾腾的气氛，非常难得，以至于在近两个小时的朗读时间里欢声笑语不断，读书、互动交流之外，"追星"也成了一大主题。这应该得益于毕飞宇当过老师的关系，我一直认为，很多老师身上都有一种魔力，一张口，别人就不由自主地洗耳恭听。那一天，从自己的小说《推拿》，到刘易斯·卡罗尔的童话《爱丽丝漫游奇境》，再到拜伦的《唐璜》，毕飞宇以不同的方式，带着大家大声朗读。最后，居然连害羞的小学生都"黏上"了这个毕叔叔。

怎样才能发挥自己的文学才华，怎样才能成为作家——这是当日针对毕飞宇这样的著名作家的主题。他很坦白，说自己走上写作道路应该属于个案，因为他父母、两个姐姐、太太，都是中学语文老师，与生俱来的文学氛围，注定了他日后毫无悬念成为擅长文字和故事的人。"我觉得一个人文学的语感20岁之前就养成了，但那就像灌进你身体的水，并没有太大用处，20岁之后加上你成长过程的人生经验，才决定了你的表达是不是生动有灵性。"在他看来，"找到一种符合自己心愿的方式，就可以成为一个作家，未必需要获得媒体或他人的承认"，因为"写作并没有维生素、蛋白质，它就是口香糖，嚼嚼，嚼自己的人生，挺好，挺快乐"。

读者们最熟悉毕飞宇的应该是他的小说《青衣》，据此改编的同名电视剧曾风靡荧屏，徐帆演的。原本毕飞宇以为大家都没看过他当时的新作《推拿》，不料看过的可不在少数。大家都对他这部盲人题材的作品很好奇，怎么会选择这样一个特殊人群呢？怎么体验生活的呢？毕飞宇说，喜欢运动的自己常常因为浑身酸痛找盲人推拿，因此结识了不少盲人朋友，对他们的生活也了解很多。"这本书出版后，盲人朋友们特别高兴，你们不了解，他们现在读书是用一种特殊软件听，最慢速度也是我们正常人语速的两倍，最快是5倍，所以小说流传起来很快，两个多小时就能听完一本书。你们千万不要以为他们是无知的，他们当中很多人有极高的知识水准，所以我们应该对他们保持足够的尊重。"

现场还有一个惊喜送给毕飞宇，是他20年前的学生特地赶来捧场。师生重逢，毕飞宇竟一下子就叫出了学生的名字。如今也当老师的学生说，自己读了《推拿》后，立刻明白，原来毕老师当年教书时，就那么留意生活，因为他所在的学校有特殊专业班，他教过的一个班级，那些学生就是毕业后要教盲人的。想必，那时候他就对盲人的生活有所了解了……

那一日的毕飞宇，确实和他的文字一样十分迷人。尤其是，带着我们几个女记者一起去喝咖啡，聊起咖啡的种类和不同味道，更让人惊喜。入世、时尚如此，另一面，他又传统而轴得可爱。因为不用手机，以至于送他去杭州萧山机场时，我不得不充当"快递儿童"的空姐，跟在北京接机的朋友千叮咛万嘱咐，生怕把这个超龄儿童给寄丢了！

那以后，我们做读书周刊一个有点儿混不吝的女孩成了"毕老爷"的迷妹，因为哭着喊着让人家关注了她的微博，再也不敢在上面率性地大放厥词，美其名曰：可不能让毕老爷失望啊！

有一种女人永远是女孩

《长发飞扬的日子》和《别了,我的文艺女青年》——这两本书,都特别适合文艺女青年阅读;有意思的是,写书的两位作家,也是相交十多年的朋友,一样的长发、高挑、美丽,一样的喜欢音乐,尤其钟情摇滚,连推荐新书的名人都是同一拨——汪峰、郑钧、黄燎原、张楚……

在土晴那个"这一夜,我们不关心人类,只搞文艺"的新书发布会上,姜昕动情地说:"你的书名叫《别了,我的文艺女青年》,这个名字我一开始就不大认同,我认为我们不能'别了',不能告别文艺女青年。哪怕我们脸上都爬满了皱纹,头发都花白了,甚至连走也不能走动了,我们也不告别。我们一辈子都做文艺青年。"这果真就是姜昕的个性!

很早就喜欢姜昕的歌,相信很多从那个摇滚乐鼎盛年代走过的人都有同感。她醇厚的声音总是饱含深切的情感，一如她的文字！跟她聊天，也带着意想不到的愉悦、坦然、放开、真实。《长发飞扬的日子》最初是在网上连载，终因机缘巧合，尤其是王朔的鼓励与支持，令大家看到这本记载20世纪80年代后期到90年代中期，中国摇滚圈年轻人神采飞扬的青春、音乐、爱情故事的书。

虽然没有出现真实人名，但很多读者难免对号入座，姜昕、窦唯、王菲三人的情感纠葛；姜昕身边一帮朋友——唐朝乐队的丁武、赵年、张炬，以及后来的恋人郭大炜（唐朝的经纪人）……似乎在书中都是那么清晰可辨有原型存在。对此姜昕在很多场合不愿多解释，同样也不介意他人的揣测，因为"确实写的就是这个圈子的这拨人"。较之"自传体小说"的定义，姜昕更喜欢这本书被称作"真实小说"。她说王朔曾跟她聊过，现在85％的作家写东西是没有生活地瞎编，而文学还是需要有生活的，否则就显不出真诚，也难以打动人心。

说到写书的初衷，姜昕在自序的第一句话就说得很明白——我一直有这个想法，就是记录下我的青春……并非因为那些经历多么特别，只是，对任何人来说，青春都是生命里最为璀璨的风景线。她直言，当初写下这些文字的时候，正是为了青春的祭奠。而这段关于内地摇滚圈的青春记忆，由始终行走其间、度过整个青春岁月的姜昕来回望，无疑再合适不过。"我希望还摇滚一个更真实的面目"，她同时想为摇滚圈正名，"很多人觉得玩摇滚的人一定很颓废。其实这么多年，我所感受到的摇滚圈是非常单纯的，我们很认真地爱，很认真地做音乐。"

多年以后，问起姜昕的改变，她笃定安然，说自己好像就没变过，一直停留在90年代。"很多朋友说我，在某一个成长阶段停止了。主要是我周围的环境没变，朋友没变，我的生活也没变，甚至谈恋爱，都是这个圈子里的男朋友，或者男朋友的朋友……我们这帮人始终在做梦，不管现实怎样了，每天谈论的话题还是十七八岁时说的，好书、好歌、好唱片什么的，内心没有变过。最多以前更意气风发，现在有时会颓一下，那也是因为这个时代，有一些挺脏的事儿，有种荒凉的感觉……"

棉棉说："有一种女孩永远都是女孩。姜昕就是这种女孩。"这话说得准确。喜欢姜昕如此表达自己的心——我知道，有人会说，"你老了！"我猜想，这么说的人，一定还是些年纪很轻的人……不过，有一天，他们也会长到40岁。然后，还将远远超过这个年纪……那个时候，他们或许会像今天的我一样，在对自己青春的怀念中重新认识"青春"的含义，并为她赋予崭新的意义——是的，现在的我会这样说：青春并不仅仅属于一种年纪，就像摇滚并不意味着某一音乐形式——那其实更应该是一种精神，一种态度。

成为作家林青霞

在我从废墟的乱石中走出，正要离开的一刹那，眼前瞥见了三朵小花，小花衬着翠绿的叶子，在千年巨石的夹缝中，精神奕奕地绽放着，它强而有劲地向着阳光，吸引着你的目光，好像在向你诉说："即使吴哥经历了千年巨变，王朝曾经兴盛，也曾落败，甚至被人遗忘了五百年，我小花仍能带着色彩在这千年巨石的夹缝中开出花来。"

在人生的旅途中，每个人必将遇到不断的考验，也必定会经历人世间的生老病死、悲欢离合、爱恨情仇，巨石经历了千年沧桑，依然能开出美丽的花朵，我们又何需计较那些无谓的蜚短流长呢？

读林青霞的《窗里窗外》，在接近尾声的部分，看到有一篇文章里的这段话，是她五年前去柬埔寨吴哥窟旅行时有感而发。联想到我也曾在吴哥某座荒凉破败的寺庙廊檐下,见到石堆中一株不知名植物,三两叶片,迎着细碎斑驳的一米阳光,执着地葱郁着,倔强地撑出一抹绿色……所谓写作者与读者引起共鸣,正是这一刻的感觉吧!

我是认真读完厚厚的整本书,才开始想写点什么的。关于林青霞,以及她转型为作家出的第一本书,是这段日子以来文化圈备受关注的热门事件。15万字,132幅图,88元定价,一片中国红的封面,腰封正反是林青霞青涩少女和成熟女人两个不同时期的特写,容颜不见沧桑,眼波流转间,却写满岁月逝去之后给予的福报,有一种宁静之美。

读过很多书,却从未见一本书有那么多名人作序。这本《窗里窗外》,从琼瑶到董桥到作者的三个爱女,一共八篇序言,难怪第九位出场的本尊自序,干脆以《我不寂寞》为名,来书写自己写作之路上承蒙的眷顾与喜悦。"我认识的青霞,美丽、飘逸、青春、纯真,而且充满了灵性。至今,我没有遇到过第二个可以和青霞媲美的女人。"琼瑶的这番话,或许说出了很多人的心声!她果真是看着林青霞长大的,"青霞最好的年龄,都在我的电影里度过,也在我家度过。常常拍完戏,到我家谈到深夜,少女的小秘密,我知道。刻骨铭心的初恋,我知道。狂热的追求者,甚至追到我家来。她的许多故事,都曾在我眼前发生……"

第一次翻阅这本书,是在北京798某个露天咖啡馆,迎着初秋北方的落日余晖,有一搭没一搭地捡着图片和感兴趣的人事来读。与她的书写初次相逢,是一种邻家女人的安然与平淡,断然不似她塑造的"东方不败",令人惊艳到有种窒息感。一周以后,郑重地买来,在夜深人静时分认真地读。这一读,竟被深深吸引,不忍释卷。

林青霞的文字读起来平顺而朴素,却能精准地捕捉到传神之处,并且不经意地触到人心底的柔软部位。就好像林青霞的好友、导演徐克说的——青霞跟别的写文章的人不太一样,她是用很简单、很内心的东西跟大家交流她对这个事情的感受。17岁出道,历经20世纪70、80、90年代娱乐圈风雨,她的故事和经历,实在有太多可以与人分享。而她最可贵之处,还在于一个"真"!读她的文章,每一篇每一句,都可以感受其中的情真意切,没有丝毫惺惺作态,更无粉饰与浮夸。最难能可贵的是,看完书才知道,为了写作,这位如今决意告别"美女"桂冠的女人,有多勤奋、刻苦及热爱,才捧出这些沉甸甸的文字来。就这一点而言,理当对她心怀敬意。

从"窗里"到"窗外",别了,那个在《彩霞满天》中穿一件《梦的衣裳》《问斜阳》的纯情女孩;别了,那段淹没于《滚滚红尘》中颠沛流离的乱世深情;别了,《笑傲江湖之东方不败》,还有《东邪西毒》里苍茫大漠的离殇……曾经有太多经典的形象,让我们几乎记住了林青霞三十多年来演绎的所有悲欢容颜。如今,她仪态万方又从容端庄地向我们走来,热切地邀我们跟随她的文字,从银幕探望生活,领略她的戏外人生。

我们送到别人生命里的,会全部回到自己身上!祝福林青霞,她曾送给我们如此多的美丽影像,现在都变成无尽的灵感,令她的文字与故事可以这般温暖人心。

张爱玲不是我的菜

前阵子有朋自远方来,夜夜欢聚到天明,在光天化日中拉埋厚重窗帘营造夜晚氛围,醉生梦死。这一晃就是十几天,而那本炒得热热闹闹的《小团圆》,也在枕边寂寞地躺了好久。

张爱玲的这本书,学弟的好友说是看了两三页无法坚持,于是先借给我看。结果一点儿没错,拿到手上的第一个夜晚,我的心情就从获取一本新书的兴致勃勃,瞬间跌到索然无趣的境地。

张爱玲写的盛九莉,周遭的事情太枝蔓芜杂,看半天才弄清楚爹妈是谁,以至于我这个中文系毕业的好学生怀疑起自己的阅读理解能力。这本书就是在一个个深夜的坚持中被我翻阅着,每次读到气闷,就暗念:这本书果真不属于你啊!但固执的摩羯本性,偏偏还会勉为其难地继续,觉得不要辜负了作者的心意,或许,后面会有奇迹发生!

事实上,很多阅读的过程中都难免有乏味时刻,而接近尾声时收获的意外和惊喜,也往往是双份的。比如奥尔罕·帕慕克的《我的名字叫红》,比如扬·马特尔的《少年Pi的奇幻漂流》,比如基兰·德赛的《失落》……结果,张爱玲的这本《小团圆》却一直让我失望,虽然在后面看见了邵之雍对盛九莉说着"我醉了也只有觉得好的东西更好,憎恶的更憎恶"这样深有同感的话,但终究还是失望!所以,居然前所未有地,我在出差前没有读完一本书,并且毫无留恋地把它扔在家里。

坐在火车上回忆了一下,似乎从来就没喜欢过张爱玲!说起来,哪有几个自恃有点文化的女人会讲不喜欢张爱玲呢,欣赏张爱玲几乎就是小资女人的标志了。好在,我从来也不喜欢"小资"这个名词,以及因此命名的这类人。正如女编剧廖一梅那句尖锐的话,小资和文学青年完全不同,文青是在哲学层面上的定义,他们是敢于牺牲自己的;而小资属于生活层面,懂得保全个人。

我少女时代,在不知道张爱玲有多出名的时候,就牢牢记住了她那句名言——"生命是一袭华美的袍,爬满了蚤子。"那是她19岁时写的散文《天才梦》里的话,抄下来的时候只是觉得特别,还带着一些叛逆期孩子的愤世嫉俗。虽然当时想象得很具体:一件漂亮的袍子,上面爬满虱子,是多么不堪的事情!也看过她很多小说,《倾城之恋》和《半生缘》还是有点喜欢的,但觉得太悲凉。她真是典型的旧时代上海女人,出身贵族人家,与生俱来带着她生长环境里养成的刻薄、骄傲和不甘,而且全呈现在作品里。

以前总是羡慕那些历经沧桑的人,觉得那样的人生才不算虚度,才精彩而值得记忆。长大以后却觉得,如果可以从一个成长顺利的孩子变成心智单纯的大人,是多么值得庆幸的事情!因为始终相信,与美好的人事相伴越久,越容易快乐,也越干净清朗。张爱玲就不行,她的经历太复杂曲折,心也变得杂草般纠结。看她的照片,寡薄的面颊和凌厉的眼神,都是让人难免生出寒意的。这样的一个人站在面前,好像要读透你的心,并且是看见隐藏得连自己都无知觉的坏东西,有点可怕。

所以,如果可以,我要看见最阳光、美好的人和事,我愿一辈子以孩子的心态,相信爱,相信好看、好吃、好听、好玩的东西,都是人这一生中最好的。

她是诗歌世界的莫扎特

在此长眠着一个旧派的女人,
像个逗点。她是几首诗歌的作者,
大地赐予她永久的安息,
尽管她不属于任何的文学派别。
她的坟墓没有豪华的装饰,
除了这首小诗、牛蒡和猫头鹰。
路人啊,请你从书包里拿出计算器,
为辛波丝卡的命运默哀一分钟。
——辛波丝卡《墓志铭》

多年以后,诗人之死,让这首富有先见之明又百无禁忌的诗,有了最好的去处。2012年2月1日,被誉为"诗坛莫扎特"的波兰著名女诗人辛波丝卡(Wislawa

Szymborska），在克拉科夫于睡眠中故去，享年 88 岁。

1996 年，辛波丝卡成为第三位荣获诺奖的诗人。15 年后，托马斯·特朗斯特罗姆才再次以诗的名义闪亮于诺奖盛典。

这显然不是一个诗的时代——或者，从来就未曾有过诗的时代——但依旧有很多人写诗、读诗，诗依旧存活着，与我们分享浮华人世的欢喜悲忧。所以辛波丝卡会这样说：我偏爱写诗的荒谬／胜过不写诗的荒谬。

或许对很多人来说，辛波丝卡是个陌生名字，波兰也离我们如此遥远。但其实，我们在那些个文艺腔十足的情调时分，早已不知不觉与其流光溢彩地交汇过。"他们彼此深信／是瞬间迸发的热情让他们相遇／这样的确定是美丽的／但变化无常更为美丽……"还记得台湾绘本作家几米的《向左走向右走》吗？书中引用的这句点睛之笔，正是摘自辛波丝卡的《一见钟情》。

有些可笑的是，竟有媒体称，辛波丝卡的诗是因几米的走红而被人认知。这可能与内地鲜见她的诗集有关，《呼唤雪人》和《在波兰的废墟上：辛波丝卡的诗歌艺术与文化传统》已脱销，而《辛波丝卡诗选》《辛波丝卡》《一见钟情》均为繁体版本。所以，台湾人说几米，"看了一本辛波丝卡的诗，成就了自己的三个绘本"，除《向左走向右走》外，《地下铁》和《履历表》的灵感也是源于辛波丝卡的诗，而《一见钟情》也激发了波兰导演基耶斯洛夫斯基拍了一部电影《红》。

无缘见识诗人的真实面目,了解她的点滴,只有从百度百科中搜寻资料。即便如此,那些缺乏情感的直述,依旧令她的一生如斑斓蝴蝶,已然离开了符号般的文字,翩翩起舞,栩栩如生。

辛波丝卡1923年出生于波兰的科尼克,8岁时移居南方大城市。1945年,当时还在大学修习社会学和波兰文学的她,在波兰的一家报纸副刊上发表了第一首诗作《我追寻文字》。1948年,当她正打算出第一本诗集时,波兰新政权主张文学当为社会政策而作。辛波丝卡于是对其作品风格及主题进行全面修改,诗集延至1952年出版,名为《存活的理由》。辛波丝卡后来对这本以反西方思想、为和平奋斗、致力社会主义建设为主题的处女诗集,显然颇为失望。

1954年,第二本诗集《自问集》出版。在这本诗集里,处理爱情和传统抒情诗主题的诗作占了相当可观的篇幅。1967年,《一百个笑声》出版,这本在技巧上强调自由诗体,在主题上思索人类在宇宙处境的诗集,可说是她迈入成熟期的作品。1972年的《只因为恩典》和1976年的《巨大的数目》更见大师风范。此后十年间未见其新诗集出版。直到1986年《桥上的人们》一出,格外引人注目。这本只有22首诗的作品,令人惊艳,达到了她诗艺的高峰。

辛波丝卡主张万物有灵，万物平等，世间万物均可入诗。从她的诗作，我们不难看出她对这一理念的实践：她写甲虫、石头、动物、植物、沙粒、天空；她写安眠药、履历表、衣服；她写电影、画作、剧场；她写战争、葬礼、色情文学、新闻报道；她也写梦境、仇恨、定时炸弹、恐怖分子。在她的笔下，一切皆存在，一切存在皆诗。

据说辛波丝卡对中国文化很感兴趣，在她看来，汉字实在太神奇了，简直无法想象一个中国人得花多长时间，才能学会读和写。她觉得，中国的打字机肯定有火车头那么大。她多次想读《三国演义》却没读下去，因为里面人物实在太多了，总是搞混。

诗人在1996年诺贝尔文学奖得奖辞中曾谦卑地谈到了对灵感的认识："好几次被问到这样的问题时，我也躲闪逃避。不过我的答复是：大体而言，灵感不是诗人或艺术家的专属特权；现在、过去和以后，灵感总会去造访某一群人——那些自觉性选择自己的职业并且用爱和想象力去经营工作的人……"

优雅而又深具个性，几乎永远烟不离手，以至于最后罹患肺癌，诗歌之外的辛波丝卡，身上还有很多被人津津乐道的话题。比如她的爱情，也如诗一样浪漫生动。据说，辛波丝卡的初恋情人伍戴克藏书极为丰富，他们之间的结合不但给诗人以爱的滋养，同时也提供了丰富的精神食粮。但这段婚姻并未维持多久两人就离异了。

诗人的第二次婚恋更是带有玫瑰色彩,有人从她的《在孤独的小星下》中寻到"证据":"我向旧日的恋人道歉/因为我对新人如同初恋。"如此令诗人倾慕的是一位自然科学家,一个爱养猫、爱钓鱼的男人:菲利波伊兹,后来成了小有名气的小说家。伉俪情深,据说他们经常一起垂钓湖滨,而辛波丝卡也同样喜欢宠物。不幸的是,1990年某个漆黑的冬夜,77岁的菲利波伊兹在广场散步时突然滑倒在地,不久便去世。

诗人的两次婚恋都没有生育子女,而菲利波伊兹的离去,为诗人留下了终生的孤独……

与略萨相遇的夏天

右手以食指支撑脸颊,其余手指微微弯曲,挡住半张嘴唇,无名指上一枚金色指环非常醒目。头发花白,鼻梁高挺,眼神深邃,眉头微蹙——略萨的很多照片都是以类似的姿势示人,带着某种从容甚至严厉,即便跟他只是隔着纸张对视,也能感觉得到他对于你的审视,令人无法回避。

他是当代拉美最杰出的作家之一,结构现实主义大师,2010年诺贝尔文学奖得主;文学造诣之外,他一度怀抱狂热的政治激情,积极竞选过秘鲁总统;他认为爱情是人类最高尚的体验,19岁时与年长他十多岁的舅妈之妹胡利娅私奔并结婚,即便在今日,也堪称一段惊世骇俗的情缘。

略萨给很多人的印象是特立独行,甚至有些离经叛道,看他的小说,足以见其冷艳风骨。

2011年6月14日,这位世界著名的文学大师二度来到上海。与他上一次来这里,已经相隔了16年。

那天的上海一整天都浸润在淅沥或瓢泼的雨中,雨水涤荡了初夏这座城市惯有的闷热,风中夹着初秋的凉意。在这样一个潮湿而浪漫的早晨,我坐车穿过大半个城区拥堵的街道,眼见着离目的地上海外国语大学越来越近,心开始加速跳跃。那是我做记者生涯中第一次去见诺贝尔文学奖大师,对于一个热爱西方文学的中文系毕业生而言,尤其意义非凡。

上午10点,非常准时,略萨在几位主办方人员的陪同下出现在逸夫会堂的台上。高大、挺拔,西装革履。唯有满头白发,以及略微松弛的脸庞,显出与照片上隔了另一段岁月。当欢迎各方致辞以及授予他上外顾问教授的仪式之后,这位风度翩翩的老人微微含笑,扫视台下,开始了他以"一个作家的证词"为主题的讲座。"75年前,我出生在秘鲁南方的一个城市——阿列基帕。我非常喜欢自己诞生的这个城市,因为它有很多的故事……"

看起来,这位率性浪漫的作家,并不打算做什么"证词"式的演讲。他从自己的出生,讲到童年、少年、从军,以及怎样开始创作第一部、第二部、第三部小说……他与大家回忆那个年代的年轻人对巴黎的神往,以及自己去巴黎游学的经历,那样单纯直白,就好像时光从未流逝,因为台下无数聆听讲座的文艺青年们,依旧像他当年一样,怀抱着对那座永远散发着艺术气息的城市之不死梦想；当然，很重要的，还有那些引领他走上文学之路的人——海明威、福克纳、福楼拜、聂鲁达，以及他欣赏的同道中人、后来充满"恩怨情仇"的好友马尔克斯。他如此耐心地讲述自己的作品，从最初的《城市与狗》，到代表作《绿房子》、自己最钟爱的《酒吧长谈》，以及《世界末日之战》《公羊的节日》《叙事人》等。你能想象吗？一个伟大的作家，与我们面对面坐着，用70分钟的时间侃侃而谈，流畅到没有一丝停顿或犹疑，甚至连一口水都没喝，心甘情愿地与我们分享他生命中那些重要时刻。

窗外的雨越下越大，拍打在会堂的屋檐上，却似轻盈舞蹈的水滴，没有忧伤只有甜蜜。差不多4个小时后，他再次不辞辛苦地出现在上海戏剧学院的小剧场里，在追光灯倾泻的那抹亮色中，捧着自己的小说《酒吧长谈》，用我们陌生的西班牙语缓缓诵读某个精彩片段，语调醇厚而优雅，带人走入书中情景，有种穿越时空的错位感……

那天，他还无所顾忌地说起，一个作家如果总是被人夸赞、有奖金或政府补贴的话，会很危险，因为他的创造性会丧失，而生活中存在一些困难还是有好处的，令你必须战胜它，特别是能激发你的创作精神，因为很多优秀作家的杰出作品，都是从困难中诞生的。这或许也能为大部分人一生都如此平庸获得一个合理解释。当然，对他说的因为获奖后不断被记者打扰不能安静创作，以至于认为"诺奖获得者完全是受难者"一说，我深表怀疑。

呃，村上春树么……

　　大雪的严冬，最美的事情莫过于深夜窝在温暖的家里看小说。对我这种每天夜班"今天出门明天回家"的人，只能寄望于一个又一个黑夜。
　　新的一天总是从夜晚开始，而夜晚，很多时候源于一本书。村上春树的《1Q84》，我是在它第三部完结篇出版时，一口气买来三本看的。忘了谁讲过，如果一本书你发现读不下去，那就千万不要浪费时间硬读，这本书一定跟你无缘！博尔赫斯也说："我们只应该阅读我们爱读的东西，读书应该是种享受。"后来我悟出另一个道理：如果一本书你很认真地读过，隔了段时间发现自己竟然对里面的情节完全没有印象，那说明它对你而言一定也不是什么好书。
　　事实上，我读大学的年代，热衷于看马尔克斯、纳博科夫、卡夫卡、福克纳、普鲁斯特这些作家的东西,很多书是从图书馆借来的,直到今天,居然还能背出某一本书的开头或中间极喜欢的段落。马尔克斯《百年孤独》的开头就不用说了,有多少人写文章受过这个开头的影响啊——许多年之后,面对行刑队,奥雷良诺·布恩地亚上校将会回想起,他父亲带他去见识冰块的那个遥远的下午……

说这些其实都是为了表明,我不喜欢村上春树。到现在都不明白,为什么白领小资们都以喜欢村上的书为荣。当年村上大热时,有一天我很好奇地在书店翻阅他一本本装帧精美的小说,《挪威的森林》《且听风吟》《海边的卡夫卡》等等,犹豫了半天结果一本也没买,回家扒开书柜,发现自己早就买过他的书,版本封面不同而已。可是,为什么我完全不记得书中的内容了呢?

一次偶然,在网上看到有心人收录的村上春树经典语录:"死并非生的对立面,而作为生的一部分永存。""若什么都不舍弃,便什么都不能获取。""每一个人都有属于自己的一片森林,迷失的人迷失了,相逢的人会再相逢。"心里非常吃惊,这些话,或者类似的话,不都是被用滥的吗?我一直以为是网络流行的无病呻吟呢!没想到原出处居然是村上。

撇开故事不说,《1Q84》的叙事方式,仍然不喜欢。刻意地青豆一章,天吾一章,完全平行的讲述,一直到差不多第九章才找到一点点两人将来或许会有交集的线索。而且，翻译很日本化，也是我厌恶的，这又是一种很个人的感觉。尽管大学刚刚毕业时我也曾上过一年多的日语夜校，但是终究忘得所剩无几，而且到底也不知道日本人讲话，是不是译成中文的那个语气。我努力回忆了一下，除了吉本芭娜娜，我几乎不喜欢所有日本男作家的书，一律给人阴郁、滞涩、晦暗，甚至有些变态的感觉，非常的不清爽。

总的来说，我喜欢叙述明朗、简洁的文字，有敏感的情绪和细密的心情饱含其间。并且，每一本书里，至少有一个或几个段落让我记忆深刻。那绝不是村上这样的！

梦想不死的孩子

在去北京的飞机上,看完了帕蒂·史密斯写的《只是孩子》。看到最后,他们再次相遇,怀孕的她身体里蕴藏着生命,而罹患艾滋病的他身体中却携带着死亡。她描述那种见证最爱的人即将死去的恐惧,排山倒海般席卷而来,你曾一再回避,企图置若罔闻,它却如暗夜航行的风帆,燃起熊熊烈焰,灼人眼目。

飞机下降过程中,原本明朗的天光,被北方冬季的暮色迅速包围,我看见洁白翻卷的云团渐渐变成灰色,而越来越近的田野里,这一处那一处在黑暗中闪烁着明晃晃的火光,不像是田间的灯。那一刻,我的心被一种恐惧莫名地攫住,寒意从脚底蹿上心尖,一阵又一阵,无法释然。

帕蒂·史密斯与罗伯特·梅普尔索普,二十世纪纽约最传奇的一对艺术恋人。看着他们的故事,无法不让我们这些同样追逐着文学和艺术的孩子陷入深深回忆。这两个人——1967年,她是离家流浪的女孩,他是荒废学业的男孩,他们在布鲁克林偶遇;1969年,她一边写诗一边在书店打工,他一边画画一边做着午夜牛郎,他们在名人川流不息的切尔西酒店蜗居。

之后,她在摇滚乐中越陷越深,他则于前卫摄影中逐渐发现自我,他们的关系从完美恋人演变成至爱亲朋,因为他的性取向出现了变化;同时,他们于各自不同的领域开创了一个伟大的时代,又将音乐与摄影完美融合如他们难以分割的情感;1989年,她已成为一代朋克摇滚女王,他却因艾滋病离开了这个世界,那一年,他们都才42岁。

21年之后,她终于完成了他去世前的心愿,为两人醉生梦死又勇敢探索的青春做了一次圆满回忆。有人说,《只是孩子》这本书像爱情故事一样开始,却如挽歌一般结束。唏嘘感慨之余,你却无法不被帕蒂和罗伯特,以及他们身边一群艺术家充满激情与梦想的人生所打动。我想起自己在飞机上突然从心中涌起的恐惧,或许那并不是害怕,更多的是一种回肠荡气的眷恋深情。忍不住在书的扉页上写了一句话:致我们从未老去的青春……我把书转送给闺蜜何娅,希望与她分享。记下只言片语的一刻,另一个念头也悄然闪现——就算我们的青春从未在心中消退,但生命却终究往死亡越走越近。

所有的人，几乎都恐惧年龄的增长，可是，这并不妨碍光阴从我们额前深深淌过。看帕蒂和罗伯特的故事，让我想起自己的大学时代，常常在图书馆关门之后，在暗夜里与同学晃到附近一家咖啡馆，或者在没有课的下午，带一本赫尔曼·黑塞的小说，听哲学系的男友大谈麦尔维尔与鲍勃·迪伦。我们在一本很厚的笔记上写下自己的感受，画下神往的世外桃源……我甚至清晰地回忆起某个冬春交替的午夜，猝不及防遭遇一场大雨，穿着一双新球鞋的我因舍不得踩脏鞋子，干脆脱了鞋袜，赤脚在雨水里奔跑，我们边跑边笑，年轻的身体里恣意张扬着疯狂和热情……这些记忆，在我追随帕蒂与罗伯特狂放不羁的青春回忆里，突然降临，特别令人感慨。

人们总爱说：有些事，你现在不做，就永远不会去做。多数人，现在不做，永远也不做。而我，决定现在就去做想做的事，见想见的人。假装在不曾老去的青春里，让自己像孩子一样率性而为。

如果鞋也有感情

非常偶然，有次出差时临时挑了一本出版社寄来的小说，是日本作家阿刀田高的《红色诱惑》。虽然也看村上春树、青山七惠或吉本芭娜娜的书，但我说了，总体上我不喜欢日本作家，尤其是他们叙述的语言，总觉得絮絮叨叨让人有种不耐烦的感觉。

这个阿刀田高，据说被称作日本"昇色小说王"，而我当时看的这本书，原以为是个惊悚长篇之类的故事，不料却是短篇故事集，且一看便不忍罢手，这也是难得在一趟出差途中就迅速看完的一本书。虽然还是日本人令人厌烦的絮叨方式，但不得不承认，那些个诡异的故事实在很吸引人。其中一篇《鞋的下落》，尤其看得人一边汗毛耸立，一边若有所思。

去异地看望恋人的女人，在火车上遇见一个跟鞋打交道的老男人，听这个男人说鞋子也是有感情的，比如有的鞋穿上后，你会一直跳舞，就像"红舞鞋"那样；有的鞋，穿上它就仿佛听到"我想去外国"这样的心声，于是你身不由己地跟着它走；还有的鞋，生来就是让你放纵堕落的，或者一心要嫁入豪门；最可怕的，是那种想要死的鞋……

女人将信将疑听得饶有兴致，却不料分手后鬼使神差去了老男人给她指的樱花小路，在那里见到了这个男人的鞋，正是——一双一心要死的鞋。老男人因生意破产吊死在故乡的樱花树下。

阿刀田高说，自己写这个故事是受到安徒生童话的影响，"鞋是有自己的意志的，它会把穿的人带到某个地方"。是这样吗？有天夜里下班的时候，骑单车的我突然在十字路口无意识地换了方向，朝很少走的天目山路转弯，然后又无意识地骑进了自己的母校，现在已经改名叫做浙江大学的原杭州大学——黑黢黢的校园，跟我上大学时没什么分别，我几乎闭着眼睛都知道，右手边的楼是我就读的中文系，左边是数学楼，一路往下嗅着暗夜里丝丝缕缕的桂花香，就到了图书馆门前，再接着往后门去，男生宿舍楼左边的大操场，我曾在夜里将耳朵贴在那里的水泥地面，妄图倾听远方的声音……

那一刻低头看自己的脚，虽已入秋，却仍贪凉穿着一双两根细带子交叉的平底凉鞋，整个脚几乎就是光着踩在地上,冷而且有点疼。我于是想到阿刀田高的这篇小说,一个人的鞋,总是会带他(她)去一心想去的地方——我穿得最频繁的鞋就是各种款式的球鞋,它们应该都属于一心要离开、奔向远方的鞋吧!

　　印象中的自己,大学毕业以后就很少穿高跟鞋了,近十年更加都穿平底鞋。是因为潜意识里,总是处于一种随时可以出走的心态吧?又或者,内心是抗拒妩媚与依赖的,因为总觉得在残酷的现世,没有什么比拥有勇敢、坚定的人格更可靠。果真是这样的话,是我的鞋带着我不断远走,还是根本就是我自己,选了可以随时上路的鞋呢?

何止十一种孤独

有段日子,身边带着理查德·耶茨的《十一种孤独》到处飞,看看这书名,实在有点矫情的嫌疑。其实并不喜欢读短篇,就好像无法正经对待身边过客般的朋友一样。短暂的东西,多半很难让人记住并珍惜。

理查德·耶茨之前的作品,也许多数人熟悉的是那本《革命之路》,根据其改编的电影,是莱昂纳多·迪卡普里奥和凯特·温丝莱特主演的,有些人觉得郁闷至极,有些人如我,喜欢至极。所以,有一天发现他的《十一种孤独》,立刻买了,很好奇那是哪十一种孤独,同时在想:人生何止仅仅十一种孤独!

从大风骤起的北京回来那天,终于在飞机上看完了这本书。深夜下班,遇见一个特别话痨的出租车司机,像多数这个行当的人一样一路抱怨,后来突然冒出一句:

你说为什么要限制我们住在哪里呢？我觉得只要我们想，在地球的任何一个地方住都可以，为什么要划分界限呢？你看那些小鸟，难道它停落在哪一棵树上，还需要谁同意吗？我们是人类，可比动物要高级呀！

这样浪漫得几乎妄想一样的话，居然出自那么平凡的一个中年男人口中，我的瞌睡都醒了一半。真是，很可爱。然而，仔细想想，为什么突然觉得那么孤单呢？深更半夜，两个陌生人居然探讨自由和梦想之类的话题，不是太无聊，就是太不靠谱。想起来，《十一种孤独》里面，最后一个故事讲的正是出租车司机的。那也是一个不起眼的中年男人，居然异想天开地雇佣"枪手"，为自己写小说，还投稿，都是关于自己和乘客之间真实或虚构的故事。文中一心想成为作家的"我"，也一度被他选中，但最终谁也没有如愿……

我常常想，人在什么时候是最孤独的呢？或许有些人从未有过孤独感。多年前有个男人曾写信跟我说，他总是在人群中觉得最孤独。那段时间看徐静蕾的新片《杜拉拉升职记》，里面的职场男女个个雷厉风行，走路脚下带风，跟我好像完全不是一个世界的。里面演销售主管的黄立行，事业有成，情感得意，突然有一天他说：我不知道每天这样忙碌，到底是为什么。很深的孤独感！后来他和徐静蕾相爱，再后来他的事业遇到危机，老徐问他：如果有一天你不做这个工作，会干什么呢？黄立行说去旅行,类似于想过凯鲁亚克"在路上"的那种生活。然后试探地问老徐,愿不愿意跟他同行。老徐立刻面露难色,说自己还没有准备,意思是正为事业而奋斗云云。

说起来,《杜拉拉》的小说那么流行,我都没看过,哪怕是故事梗概。不知道为什么,就是很抗拒一切励志的书。所以,直到看电影的那一刻,才第一次了解这个故事,不知道跟原著还像不像了。特别喜欢里面的一个镜头,就是老徐和黄立行暗生情愫,擦肩而过时,墙上立刻开出了鲜艳的花。那样的心情,才是生活赐予的礼物。影片的后来,辞职的黄立行去了泰国,过上了他向往的日子,没有竞争或目的,看他轻松的笑脸,就知道他找到了自己想要的。而一升再升的老徐,始终无法以貌似成功的事业,填补内心的孤单。所以,她也选择出走。很败笔的结尾,分手后念念不忘的情侣,就在千万人中的一次回眸,看见了对方……

那天之后,我在想,要是自己可以像黄立行那样就好了。那样的话,就算在最深的午夜,可能都不会觉得孤单了,因为可以倾听着自己的心声走路。那样的话,每走一步,脚底也会有鲜花盛放吧!

世间最美好的同行

我是在某个深夜无聊之际,从我们阅读版编辑一堆不要的书里翻出这本书的。《我要陪你去西藏》,非常朴素的装帧,因了"西藏"两个字,特意拣出来翻看,结果,这一看就好像遭遇了催泪弹,一个多小时里眼泪就像开了闸一样,把我哭得稀里哗啦,那个感动!

自问压根儿不是一个泪点很低的人,这是唯一一次,看一本书可以差不多从头哭到尾,掩卷时分,还非常专心地哭了一会儿。完全不是因为书写的文笔有多漂亮又打动人心,仅仅因为故事的主人公朴素真挚的情感。封面有段小字介绍说,央视曾播出过这个故事,"让13亿中国人震撼落泪"!一个居住在黑龙江塔河的74岁老人,用一辆自制的三轮车,带着99岁的老母亲,从中国的最北端,历经两年半的长途跋涉,一直走到了海南岛的天涯海角……

只因为一次不经意间,儿子问了母亲一句:"妈,想不想去看看外面的世界?"然后这位快要百岁的老人,就那么随意地在儿子展开的地图上,用她瘦弱的手指画了一条斜线——西藏的拉萨。孝顺的儿子居然就带着母亲上路了。

这是一个真实的故事,老人和母亲的这段漫长旅行,曾被人称为"世界上最美好的同行"。而书写故事的作者,居然是个韩国的作家,也是一位老人。他用最朴素的语言,以第一人称述说那难忘的900多天。母子俩风餐露宿的艰辛被描写得细致入微——儿子对百岁母亲身体的担心,颠簸路上无微不至的照顾,遭遇暴雨或冰雹的危险与狼狈,遇见好心人时心怀的感恩……点滴细微的叙述,却道尽人世间最感人的母子之情。

最终,母子俩没能去成西藏,因为高原路途的艰难,确实会威胁到老人的生命。老太太在旅行回去后的翌年以102岁的高龄去世了,临终都没忘让儿子把她的骨灰撒到西藏去。伤心欲绝的儿子度过丧亲之痛后,居然第二次拉着三轮车上路,与母亲的骨灰作伴,终于帮母亲达成心愿。正如他所言:"我之所以能忍受所有的痛苦,是因为我必须遵守与母亲的约定。这是我能献给母亲的最后的爱心。"

我几乎是带着负罪的心情读完这本书,然后将很多细节讲给身边的朋友听。我猜我们很多人听完或看完之后,内心或许都充满了愧疚,跟书中儿子的孝顺比起来,我们差得太远。太多时候,因为长大了,开始厌烦母亲的唠叨;因为工作太忙,忘了花时间陪母亲聊天;因为结婚生子,忽略了对母亲的关心……做儿女的总是不知不觉地向父母索取,承受他们的好似乎一切理所应当,却忘了可以回报的实在太少。书里有段话——医生告诉我要做好心理准备。弟弟和我沉默了许久。随后,我们想起了坚强而又温和的母亲。上了年纪的弟弟和比他更年迈的哥哥,如同整理自己的人生似的聊起了母亲的过去,就像失去了母亲,我们将不会存在似的。

真是这样!一直觉得,一个失去母亲的人,从某种意义来说,在这个世界上就是孤儿了。这是一个很伤感的话题,但也许正是因为人活着有太多无法承担的苦痛,才令人学会珍惜。发生在2001年的故事,直到2008年才被写成了一本书,而且是由一个韩国老作家慕名寻访了两年多,才颇费周折征得当事人同意写出来的。这位纯朴的东北老人说,他根本不觉得"孝顺"需要表扬或学习,他做的这件事,倒好像让那些"不孝顺"变得寻常,所以人们才会惊讶于他的孝顺。

也许是人长大了,看得见父母的老,所以特别会被这样的故事打动。曾有一起出差的年轻同事,把换下的脏衣服卷进背包时开玩笑说"回家孝敬妈妈",听得我心里很难受。什么时候,当她看到龙应台写"我慢慢地、慢慢地了解到,所谓父女母子一场,只不过意味着,你和他的缘分就是今生今世不断地在目送他的背影渐行渐远",心里会隐隐生出酸痛来,才算懂事吧?

"爱"和"LOVE"不同

不知道有多少人年轻时做过出国梦。

刚看了一本很厚的中英文双语小说,写一个浙江农村去英国求学的女孩在那边遇见的爱情,以及这段情感无疾而终的惆怅心绪。那是一本让我在飞机上看得哈哈大笑的书,因为里面说到很多中国人学英文的窘况。不过,最初让人笑出眼泪的段子过后,都是些让人看得心生忧虑的东西。比如小说的主人公Z姑娘,几乎是一到英国就遇见了想要相伴一生的男人,虽然相差二十岁,但Z就是痴迷于这个英国男人的俊美,以及他优雅的英国口音。时间流逝了,中国女孩的爱越陷越深,甚至迷失了自己;可是英国男人却觉得累了,希望她寻找自己的生活。两人始终纠缠于"现在"和"未来"的话题,中国女孩总是担心两人的未来是否可以在一起,英国男人却纳闷——

我们是活在现在的,未来是你想出来的,根本还不存在。

所以,中国女孩由此悟出,"爱"这个字,中英文里都是不同的。

"'爱'这个英文单词,和其他英文单词一样有时态之分。'过去爱的'或'将来爱的',或是'已经爱着的'。所有这些特定的时态意味着爱是一个有时限的东西,并不是无穷无尽。它只存在于特定的时间段。中文里'爱'就一个字。它没有时态。没有过去,没有将来。爱在中文里意味着一种特性,一种状态,一种环境。爱是一种存在,包括过去和将来。如果我们的爱存在于中文的时态里,那么它将持续到永久。它将无穷无尽。"

小说也是一个浙江籍女人写的,她曾是北京电影学院的硕士,后来旅居英国,拍片或者写作,我不知道Z的经历中,有没有她自己的。

也就是刚看完那本书的时候,在北京和久别的朋友相聚,席间有闺蜜带来一个美国男人,差不多是清秀版的拉塞尔·克罗,这个叫威廉的男人是建筑设计师,听不懂中文,但很会根据我们的表情猜心。他给我们看两个洋娃娃一样的女儿的照片,很得意的样子。据说眼下他的中国女友哭着喊着也想给他生一个孩子,被他拒绝。得知我闺蜜要去英国,他一脸留恋,说只有她能懂他,因为他的女友很蠢。我笑起来,很想问他,那为什么还要跟一个蠢女孩在一起?那女孩应该有别的吸引力,但生孩子这件事,不能妥协。你看,这就是老外的原则,勇于拒绝一个想给他生孩子的女人,很多中国男人可做不到。这是中国女人的幸运还是悲哀?

  熟悉的地方没有风景,生活总是别处更好——所以,我们总是想走得更远一点,或者干脆走到外国去,看那边的风景,讲那边的语言,过那边的生活,甚至爱上一个那边的人。然后呢?会不会也像小说里的Z一样?

难忘《喜宝》

"我要很多很多的爱。如果没有爱,那么就很多很多的钱,如果两件都没有,有健康也是好的。"

"做一个女人要做得像一幅画,不要做一件衣裳,被男人试了又试,却没人买,待残了旧了,五折抛售还有困难。我情愿做一幅画。"

这两段话,是亦舒的小说《喜宝》里面讲的。二十多年前看过亦舒的小说,好像是琼瑶风过了之后。两人的风格完全不同,一个纯情得不食人间烟火,一个却洞穿世事到有些冷酷。曾经迷过琼瑶小说,里面的故事和人物有些现在都记忆深刻,但亦舒的似乎就没有那么深的印象。唯有这个《喜宝》,当初还不是看的小说,而是电影。

相信多数内地观众都没有看过这部电影,我当年是和一群少年男女跑去浙江工业大学附近一个小礼堂看的,现在想来那也许根本不是胶片放映。记得最初听说这个消息的时候,只知道是一部很新潮的香港影片,前卫到恨不得是禁片。看的时候也并不知道是根据亦舒小说改编的,不过里面的几位主演的样子,居然像长在脑海深处,一直挥之不去。

扮演喜宝的黎燕珊、扮演勖存姿的柯俊雄,还有扮演丹尼斯的方中信,都与角色那么丝丝入扣,好像生来就是角色本人。出身寒微的21岁剑桥大学高材生姜喜宝,偶然结识了富家女勖聪慧,继而有机会走进勖家,她的才智和美貌同时吸引了勖氏父子,但为了读书和生计,她选择了虽已花甲但仍颇具魅力的勖存姿,过上了被包养的日子。再后来,她结识了剑桥的青年讲师丹尼斯,但这份爱情带来了灾难——善妒的勖存姿借狩猎之际枪杀了丹尼斯,而喜宝的生活和想法也就此改变……

《喜宝》的小说写于20世纪80年代初。这个故事搁现在,里面傍大款包二奶的桥段也不落伍,尤其是上面那些借喜宝之口说出来的话,完全不觉过时。亦舒真是人精!聪明到难免说出刻薄的话。这样的女人,欣赏的人多,却不敢喜欢。太锋利了,容易伤人。

鬼使神差地,后来在网上买书,刚好看见亦舒的书目,于是点了这本小说。装帧粗陋的书,也是早年出版的。带了它在往上海采访的途中看,归程居然因为沉溺其中上错了一辆发往温州的动车,幸亏及时发现。难得那么快就读完了一本书,情节跟电影并不太一样,但看的时候,里面的人物就是黎燕珊柯俊雄方中信们,栩栩如生。想到喜宝那段"名言",换至今时今日,大多数人应该会把健康放在首位吧?可是这个女孩却无数次重复着——我要很多很多的爱!

想要很多的爱,很多的钱,谁不想呢?如果只能选择一样,我会跟喜宝一样,先选很多的爱。这样的人,也许骨子里是缺乏安全感的;而爱这种东西,自古没人说得清楚,如今又因世风日下遭到贬值。但还是觉得它是那么重要。

想想看,一个缺乏爱的人生,该是多么残破不堪!

少年 Pi

一个年轻男孩,一艘救生艇,一只老虎,和浩瀚的蓝色海洋。

一个关于生存和信仰的绝妙故事。

也许它不会让你相信上帝,但它会让你相信文学。

如果不是因为李安将原著拍成了电影,不知道这本《少年 Pi 的奇幻漂流》会不会仅只是少数文学青年的钟爱之书。2012 年 11 月 22 日,李安备受期待的 3D 视效大片《少年派的奇幻漂流》在全球范围公映,如同一阵旋风袭来,原著也不能免俗被换了封面,印成电影海报的老虎照片再版,并摇身变成"插图珍藏版",由译林出版社推出。

其实早在 7 年前,译林出版社就出版了这部 2002 年度布克文学奖佳作,只可惜当年此书在书店或网上销路并不红火。我也是于此书出版两年后，在哲学系前男友的力荐下，好不容易从卓越网购得。

作为英语文学界的最高奖项，几乎全球文学爱好者都对布克奖作品趋之若鹜，但这股风潮在中国倒一直不明显。《少年 Pi 的奇幻漂流》图书再版广受关注，很大程度上得感谢大导演李安的"再创作"，和布克奖无关。

一向青睐纯文学的布克奖，那一年颁给了这本畅销书算是破例。事实证明，全球热销 700 万册，获英国布克奖、德国国家图书大奖等 6 项国际大奖，被翻译成 42 种语言，荣登众多媒体年度好书推荐榜首——这本书绝对值得细细品味并收藏。

解读小说之前，我们先来说说加拿大作家扬·马特尔。马特尔生于西班牙，双亲都是法裔加拿大籍，其父是加拿大外交官。因此马特尔幼年时期曾旅居哥斯达黎加、法国、墨西哥、阿拉斯加、加拿大等各地；成年后他又在伊朗、土耳其及印度待过。毕业于加拿大彼得堡的特伦特大学哲学系后，马特尔曾在印度逗留 13 个月，拜访过清真寺、教堂、寺庙和动物园，并花了两年时间来阅读宗教经文和弃儿故事；2003 年，他甚至在恶魔岛监狱度过了一年时间，在那儿担任公共图书馆驻馆作家。四海为家的漂泊生涯，以及做过园艺、洗碗工、门卫的经历，为马特尔充满魔幻的写作风格提供了丰富养料。由此你会明白，为何他能写出少年 Pi 这样一个充满奇幻的故事。

在作者自序中，马特尔说："这本书是在我饥饿的时候诞生的。"因为 1996 年春天，他的第二本小说在加拿大问世后不太成功，于是开始创作另一个故事。而为了寻找灵感，马特尔带着很少的钱去了孟买，因为他感觉印度那个地方不但可以抚平人的焦虑，还可以用很少的钱生活很长时间。就这样，在亦真亦假的开篇中，故事甚至有点絮叨地展开了——每天坐在印度的咖啡馆等待灵感的不邀而至，似乎也不靠谱。就在作者打算回加拿大时，在喜马拉雅山脚的咖啡馆，他遇见一位印度智者，此人说："我有一个故事，这个故事可以让你相信上帝。"接着智者介绍了他的一个世交，住在加拿大的帕特尔，就那么巧，作者回到加拿大找到帕特尔，开始听他讲述医生的故事，于是有了"少年 Pi 的奇幻漂流之旅"。

小说第一部分写的是作者在加拿大采访帕特尔时，帕特尔对于他少年时代在印度生活的回忆，关于他的父母、哥哥、叔伯亲戚，以及学校老师、家庭的朋友，甚至他们家动物园里的各种动物。这部分阅读，或许需要你有足够的耐心，因为冗长乏味的印度生活部分，完全无法让你联想到之后的漂流历险。唯一值得细看的，要数"少年 Pi"这个名字的由来——帕特尔的名字，大号派西尼·莫利托·帕特尔（Piscine Molitor Patel），是取法国巴黎一家游泳池之名，但由于 Piscine 与英文"小便"同音，帕特尔从小在学校里就常常遭到同学取笑，"我 12 岁的时候，有一天早晨,我的罗马士兵站在校园里。我刚到学校。他看见了我,一道邪恶的天才之光照亮了他愚钝的大脑。他抬起胳膊,指着我叫道:'是排泄哩·帕特尔!'"于是,在进入新学校的第一天,他决定把自己的名字简化成 Pi,"我在名字前面两个字母下面画了两道线——派·帕特尔。另外我又加上了 π＝3.14。"这无疑是一件很酷的事,终于,帕特尔也拥有了一个很酷的名字 Pi。

耐心等待必有回报!小说第一部分尾声,Pi 的父亲决定全家带着动物移民加拿大,可 Pi 并不乐意也不解。"父亲说:'我们要像哥伦布一样航行!''他希望能发现印度。'我生气地指出。"当 Pi 一家所乘坐的日本货船漂荡在太平洋上时,马特尔的叙述终于展现出非凡的魅力,你不得不几次三番地点头承认,他真是一个讲故事的高手啊!

日本货轮可不是诺亚方舟!Pi 全家遭遇了海难。他高呼着耶稣、圣母玛利亚、真主安拉、毗湿奴,诸神似乎真的显灵了。Pi 被两名水手当做诱饵扔到救生艇中去喂鬣狗,他侥幸落在救生艇的舱盖布上得以生存,于是,Pi 开始了在海上漂泊 227 天的历程,与他同时处在救生艇中的,除了那只鬣狗外,还有一只断了一条腿的斑马、一只猩猩以及一只成年孟加拉虎,由于海关官员的失误,这只 450 磅重的孟加拉虎注册了一个正儿八经的绅士名字:理查德·帕克。在救生艇上的最初三天,鬣狗咬死了猩猩，活吃了斑马，理查德·帕克咬死了鬣狗。接下来，16岁的少年 Pi 要想在海上生存，就是如何对付理查德·帕克。

一开始，帕特尔满脑子想的是如何把老虎置于死地，夺回他在救生艇上的生存空间，他想了六个对付老虎的方案——1. 把他推下救生艇。（老虎可是游泳健将，他会爬回船上。）2. 用 6 支吗啡注射器杀死他。（不可能。）3. 用所有能找得到的武器袭击他。（我又不是人猿泰山。）4. 勒死他。（一个聪明的自杀计划。）5. 毒死他，烧死他，电死他。（如何实施？）6. 发动一场消耗战。"我只需顺从无情的自然规律就能得救。等他渐渐衰弱、死亡。但是，我说实话吧。我要告诉你一个秘密：一部分的我很高兴有理查德·帕克在。一部分的我根本不想让理查德·帕克死，因为如果他死了，我就得独自面对绝望，那是比老虎更加可怕的敌人。因此我有了——七号方案：让他活着。"

老虎帕克其实并不像我们想象的那么可怕，因为他居然还会晕船，所以也有屈居弱势的时候；而在海浪平静、吃饱了救生艇上的动物残骸后，他竟然会如一只可爱的大猫一样向 Pi 表示友善。最后，Pi 悟出了自己的生路只有一条，那就是要保证帕克的食物和饮水，只要老虎不饿，他就没有危险……

与老虎共存了二百多天后，Pi 终于漂到墨西哥海岸登陆,而帕克竟以 Pi 无法接受的冷漠姿态不告而别。
"他连瞅都没有向我瞅一眼,他沿着海滩跑了将近一百码,然后转向丛林。他的步子笨拙不够协调,他摔倒好几次。到了丛林边上,他停下来,那一刻,我确信他会回头看我,他会顺下耳朵,他会吼叫,这样,他会为我们的关系画一个句号。但是他根本没有如此行为……"作者有一段关于"仪式感"的表述,极为精辟。尤其是,告别这样的事情,怎能如此潦草!

小说第三部分,是一份调查录音带的文字记录,是 Pi 得救后日本轮船保险公司两位人员对他的采访以及最后得出的结论。面对调查员的怀疑与审问,Pi 又用最简单的语调讲了另一个沉船故事。有动物的,没有动物的,两个故事,显然是有动物的更有意思!

"这是一个能让人产生信仰的故事。"对于多数中国读者而言,或许只看见了故事本身,至于背后更深的意味,一知半解,或者依稀感悟,都没关系了。只要你在读的过程中,曾有过片刻感受:像是飞起来了!

后记

从1995年3月到2013年12月,在报社一待18年。

18年,一个孩子可以长大成人。我没有孩子,体会不到如何养育一个婴儿到青年的感受。

我记性也不是很好,小学之前的记忆非常淡漠。晚熟,滞后,除了读书时期拼命要考第一名之外,其余一律活得散漫而缺乏目标,好像妈妈以前经常责备我,以一种脚踩西瓜皮滑到哪里是哪里的方式生活是不对的。可是,我真的就是糊里糊涂,在荒腔走板、飞快流逝的时间里,随波逐流,来不及顾盼。

读中文系之初,老师说,以后你们的任务就是多看小说多看电影。很多年后,我终于得到了一份喜欢的工作,基本也是多看小说多看电影……

在报社的时候,我是从社会、时政新闻开始,做到时尚、文化、旅游新闻等很多条线口。若干年后,居然成了电影记者，算起来一晃也有十几年。

近二十年前，并没有"娱记"这个多少带点贬义的称呼，因为专跑电影，并负责主编读书周刊，所以我打心眼里认定自己是文化记者。职业生涯，那时候几乎接近完美状态！热爱，激情，不知疲倦，感觉21世纪最初的十多年间，是我人生最幸福的时光。

这本书里挑选的文章，很多来自那段时间，倒不是为了怀旧，但至少是一种纪念，纪念那个属于中国娱乐新闻最好的时代！将我采访过的明星、导演、作家，以及那些值得记下的事件，只属于我独自的感受和记忆，跟有缘与此书相见的你们分享。

在离开媒体转行做电影的5年间，我曾无数次想放弃出这本书的念头。总觉得人生其实比较虚无，那些爱过的人、路过的风景、生活过的城市，都不过像电影画面，一帧一帧飞快地掠过眼前，触不可及，渐行渐远，更遑论这些非常个人化的文字。

可是，对于一个一直感觉被命运之手推着不知将走向何方的人而言，为自己曾经最珍爱的时光留点有据可查的记忆，也算是值得的吧！它是对那个年代的一次致敬，以及一种告别，满怀感激，依依不舍。

然后，或许，我可以重新开始……

PS. 此书得以出版，要感谢最初鼓励我应该出一本随笔集的我的"神仙姐姐"谢谦，我最好的同事和闺蜜王怀宇，给了我无私帮助和支持的小饭老师、劳枪老师，特别令我满怀感激的是内地著名导演高群书先生、香港著名电影人文隽先生、台湾著名电影人刘德凯先生为我做推荐。因为你们，让我不再孤单。

而我最想将这本书献给的人，是我的妈妈。从我年少时起，我们曾一起看过无数电影、演出与展览，分享关于影视和艺术的各种话题。现在她老了，也不如从前那么健康，但我希望她可以成为第一个拿到这本书的人。因为，我们是彼此生命里最珍贵的那个人。

图书在版编目(CIP)数据

我怕记忆太短,遗忘很长 / 韩蓓著. —上海:文汇出版社,2019.5
ISBN 978-7-5496-2811-7

Ⅰ.①我… Ⅱ.①韩… Ⅲ.①随笔-作品集-中国-当代 Ⅳ.①I267.1

中国版本图书馆CIP数据核字(2019)第045718号

我怕记忆太短,遗忘很长

著　　者 / 韩　蓓
责任编辑 / 徐曙蕾
封面装帧 / 董红红

出版发行 / 文汇出版社
　　　　　上海市威海路755号
　　　　　（邮政编码 200041）
经　　销 / 全国新华书店
排　　版 / 南京展望文化发展有限公司
印刷装订 / 启东市人民印刷有限公司
版　　次 / 2019年5月第1版
印　　次 / 2019年5月第1次印刷
开　　本 / 890×1230　1/32
字　　数 / 165千字
印　　张 / 10

ISBN 978-7-5496-2811-7
定　　价 / 39.00元